Die Deutsche Bibliothek - CIP-Einheitsaufnahme
Sirintra : wunderschöner Mond / Andrea Dück-Mertins. -
Neustadt am Rübenberge : Kirchturm-Verl., 2000-06-21
ISBN 3-934117-04-X

Für
Wilfried
Nadia
Peter
Nabee
Sirintra
Chéa

2000 Kirchturm-Verlag Martina Gerts e.K.
dt-Helstorf
yout: Wolfgang Gerts
GmbH

NEUE ANSCHRIFT:
Ramlinger Straße 18
31303 Burgdorf
Tel.: 05085/981633
Fax: 05085/981631

Printed in Germany

Vorwort 5

Unsere Familie 1988 8
Der Anruf 12
Sirintra 16
Das lange Warten 19
Die Vorbereitung 25
Die erste Begegnung 29
Der nächste Tag 37
Der Rückflug 43
Der dritte Geburtstag 52
Positive Entwicklung 57
Weihnachten 59
Der erste Urlaub 67
Die erste Trennung 74
Sirintras Taufe, 28.7.91 80
Unsere Familie heute 83

Nachwort 86

Anhang: 88

Wolfgang Gerts
Vor einer Auslandsadoption –
Fragen und Antworten

Andrea Dück-Mertins

Sirintra

– wunderschöner Mond –

Kirchturm
Verlag

Vorwort

Die Situationen verlassener Kinder in der Dritten Welt ähneln einander.

Die Zahl der Kinder ist hoch, die Heime sind überfüllt, die größeren Kinder schlagen sich auf der Strasse alleine durch. Sie sind nicht mehr in das soziale Netz ihrer Familien eingebunden und haben somit auch keinen Platz in der Gesellschaft.

Ein Kind ohne Herkunft ist ein Niemand, gezwungen, zu betteln, kriminell zu werden oder sich zu prostituieren.

Viele Kinder sterben früh infolge mangelnder medizinischer Versorgung und Unterernährung.

Es gibt Heime, die sich bemühen, die Kinder fürsorglich aufzunehmen und nach besten Möglichkeiten zu versorgen. Doch die Zahl der Kinder ist zu groß, das Betreuungspersonal zahlenmäßig zu gering, um eine individuelle Betreuung zu gewährleisten.

Viele Kinder sind Waisen, andere Kinder werden bewusst von ihren Eltern ausgesetzt. Materielle Not zwingt sie oft, das jüngste, kranke oder behinderte Kind abzugeben.

Vielfach werden die Kinder vor kirchlichen Einrichtungen oder Krankenhäusern abgelegt, in der Hoffnung, dass sich jemand um das Kind kümmert. Eine weitere Ursache für das Verlassen eines Kindes ist die Unehelichkeit der Beziehung, aus der es entstand. Diese Kinder sind Außenseiter in ihren Familien. Die Mütter werden mit ihnen gemieden.

So sehen ledige Mädchen in der heimlichen Geburt oft ihre einzige Überlebenschance innerhalb ihrer Gesellschaft.

So vielgestaltig die Gründe für das Aussetzen von Kindern sind, es gibt für diese Sozialwaisen in ihrem Heimatland so gut wie keine Chance.

Inlandsadoptionen sind in Ländern der Dritten Welt selten. Der Aufenthalt in staatlichen Heimen hat zeitliche Begrenzung. Die Kinder landen früher oder später wieder auf der Strasse, ohne Zukunftsaussichten. Ihre einzige Chance ist die Auslandsadoption.

Auslandsadoptionen sind in die negativen Schlagzeilen gekommen. „Gekaufte Kinder", „geraubte Kinder" – das sind die Schlüsselbegriffe. Leider gibt es immer wieder skrupellose Geschäftemacher, die mit dem Kinderwunsch in den Industriestaaten und dem Kinderreichtum der Entwicklungsländer kriminelle Märkte schaffen. Deshalb aber auf Auslandsadoption generell zu verzichten, wäre der falsche Schluss.

Die legale Adoption über anerkannte Vermittlungsstellen ist der richtige Weg, einem verlassenen Kind zu helfen. Ein beliebtes Argument gegen Adoptionen aus der Dritten Welt ist auch, man solle Kinder nicht aus ihrem Kulturkreis entfernen. Welchem Kulturkreis? – Diese verlassenen Kinder sind bereits die Ausgestoßenen ihres Kulturkreises.

Ihnen bleibt nur ein Überleben am Rande einer Gesellschaft, die ihnen keine Chance geben konnte und sie nun ächtet.

Adoption ist die beste Chance für ein verlassenes Kind. Mit der Adoption können gesellschaftliche Strukturen, die zum Verlassen von Kindern führen, nicht geändert werden.

Aber für das adoptierte Kind ändert sich alles!

Es erhält die Chance, die jedem Kind zustehen sollte. Es hat wie jedes Kind ein Recht auf Familie. Es hat die Möglichkeit, mit Liebe und Geborgenheit aufzuwachsen und sich so seinen Fähigkeiten entsprechend optimal zu entwickeln.

Jedes adoptierte Kind ist ein verlassenes Kind weniger!

Unsere Familie, Juli 1988

„Ist Papa da?“

Mit diesem Ruf stürmte unser temperamentvolles Trio ins Haus. Es war Sonntagnachmittag, und wir wollten noch kurz einen Ausflug zum nahegelegenen Abenteuerspielplatz machen, als mein Mann zu einem dringenden Hausbesuch gerufen wurde.

Sehnsüchtig erwarteten unsere drei ihn zurück. Eine Stunde später saßen wir Eltern genüsslich auf der Bank am Spielplatz und beobachteten unsere Kinder.

Nadia, die Älteste, 11 Jahre alt, bestimmte wie immer den Spielablauf. Auf den ersten Blick erscheint sie sanft und zurückhaltend. In der Familie aber ist sie der absolute Dreh- und Angelpunkt. Mit ihrer liebenswerten, temperamentvollen Art bestimmt sie das Familiengeschehen.

Als zweiter folgt Peter, 8 Jahre alt, und der liebenswerteste Chaot, seit es Lausbuben gibt.

Peter findet immer die Lücke, durch die er schlüpfen kann, um sich unangenehmen Aufgaben zu entziehen. Dieser kleine Aal macht jeden Streich mit so viel Charme, dass er aus den kniffligsten Situationen als Sieger hervorgeht.

Peter kam als fünfmonatiges Baby aus Indien zu uns.

Nadia und Peter waren jahrelang ein Herz und eine Seele. Jetzt haben sie entdeckt, wie viel Spaß das Streiten macht. Voller Genuss messen sie nun ihre Kräfte, was ihrer Zuneigung zueinander allerdings keinen Abbruch tut.

Zu Nadia und Peter gesellt sich als Dritte im Bunde Nabee, Bienchen genannt, 6 Jahre alt und unser Nesthäkchen. Zu ihren temperamentvollen Geschwistern bildet sie den ruhigen Gegenpol. Sie kam mit acht Monaten aus Korea zu uns und gewann mit ihrer anmutigen Art sofort die Herzen der ganzen Familie.

Mit unserem so unterschiedlichen Dreierbund glaubten wir nun jahrelang, komplett zu sein. Unser Leben verlief genüsslich und temperamentvoll, bis eines Tages eine Frage im Raum stand:

„Wie wär's mit einem vierten Kind?"

Angeführt wurde diese Diskussion natürlich durch Nadia. Sie war der Ansicht, erst mit vier Kindern sei man eine Großfamilie. Außerdem hätte sie gerne noch eine kleine, süße Schwester, so richtig zum Verwöhnen. Peter ließ sich sofort begeistern. Bienchen war unschlüssig.

Natürlich dachten wir alle wieder an die Adoption eines Kindes aus der Dritten Welt.

Wie schon bei Peter und Nabee wollten wir bewusst kein deutsches Adoptivkind. Kinder, die in Deutschland zur Adoption freigegeben werden, finden in jedem Fall Eltern. Die Wartelisten der Adoptivwilligen sind lang.

Wir wollten mit der Adoption einem chancenlosen Kind helfen. Das Kinderelend in der sogenannten „Dritten Welt" ist so groß, dass die Adoption eines verlassenen Kindes oft seine einzige Überlebenschance ist.

Nachdem der Wunsch nach einem vierten Kind bei uns allen langsam Gestalt annahm, kamen wir zu dem geschlechtsspezifischen Punkt. Mein Mann und ich dachten an einen Jungen. Zwei Mädchen – zwei Jungen stellten wir uns als eine ideale Familienlösung vor.

Nicht so unsere Kinder! Denen war klar, es soll ein Mädchen sein. Die Begründungen dafür waren so unterschiedlich wie unser Trio selbst.

Nadia wollte ein Mädchen, weil sie an einem Jungen genug hatte. „Jungen sind zu chaotisch. Ein Bruder reicht."

Und Peter? Wollte er einen Bruder gegen diese Mädchenübermacht? Nichts da, unser Sohn wollte offenbar seine Prinzenrolle nicht aufgeben. Ein Mädchen sollte es sein.

Und unsere Kleine? – Ein Mädchen! Sie wolle eine kleine Schwester zum Spielen, war ihre entschiedene Antwort.

Wir beugten uns der eindeutigen Entscheidung und nahmen, wie schon bei Peter und Nabee, Kontakt auf zu einer staatlich anerkannten Adoptionsvermittlungsstelle.

Es gibt in Deutschland mehrere Vermittlungsstellen, die Auslandsadoptionen durchführen. Die wichtigsten sind: der „Internationale Sozialdienst", „Terre des Hommes", „Pro Infante" und „Eltern für Kinder".

Peter hatten wir mit Hilfe von „Pro Infante" adoptiert. Bienchens Adoption lief über „Terre des Hommes".

Dieses Mal entschieden wir uns für « Eltern für Kinder », kurz EfK genannt. Die Organisation hat ihren Sitz in Berlin.

Erst bei positivem Bescheid wird die Familie auf die Warteliste für Adoptionswillige gesetzt.

Eine Adoption bei EfK verläuft in mehreren Etappen:

Nach einem formlosen Antrag der Adoptionswilligen an die Vermittlungsstelle, in dem man den Adoptionswunsch begründet, wird man zu einem ersten Informationsgespräch eingeladen. Dort werden die Familien über Adoptionen im allgemeinen aufgeklärt, wobei besonders die möglichen Probleme der Kinder zur Sprache kommen.

Danach erhält man die Unterlagen, die ausgefüllt mit persönlichen Daten an die Vermittlungsstelle zurückgesandt werden.

Um einen Eindruck von der adoptionswilligen Familie zu bekommen, sind Besuche durch sogenannte „Beratungseltern" Pflicht.

„Beratungseltern" arbeiten ehrenamtlich für EfK und besuchen die Familien, um sie kennen zu lernen.

Im Anschluss an die Gespräche schreiben diese Beratungseltern einen Bericht über die entsprechende Familie.

Danach folgt das Gutachten eines Psychologen, der von EfK bestellt wird. Mit Hilfe der persönlichen Daten, der Berichte von den Beratungseltern und des Psychologen entscheidet das Gremium von EfK, ob diese Familie ein Kind vermittelt bekommt.

Parallel zum Aufnahmeverfahren von EfK muss Kontakt aufgenommen werden zum jeweils zuständigen Jugendamt. Dieses prüft ebenfalls den Haushalt und stellt bei positivem Entscheid eine „Allgemeine Pflegeerlaubnis" für die betreffende Familie aus.

Nachdem wir bei EfK das Auswahlverfahren durchlaufen hatten, bekamen wir nach einigen Wochen das Jawort der Organisation. Die Wartezeit begann...

Der Anruf

Wochen vergingen mit dem gewohnten Familienleben. An einem Novemberabend klingelte gegen 21.00 Uhr das Telefon. „Ich bin nicht da“ kam ein schon sehr vertrauter Ruf meines gestressten Mannes. „Sag, ich bin beim Tennisspielen.“ In der Erwartung, einen Patienten am Apparat zu haben, ging ich ans Telefon. „Wegemann hier,“ sagte eine freundliche Stimme, „ich rufe aus Berlin an.“ Berlin, dachte ich flüchtig, das kann wohl kein Patient sein. „Ich bin eine Mitarbeiterin von EfK. Wir haben einen Kindervorschlag vorliegen, da dachten wir gleich an Sie.“

„Ja?“ sagte ich ganz zaghaft.

„Wir haben hier ein kleines Mädchen aus Thailand, sie ist allerdings schon zwei Jahre alt und hat eine Behinderung am linken Auge. Der Arztbericht liegt uns vor.

Da Ihr drittes Kind ebenfalls ein Augenproblem hat, dachten wir gleich an Ihre Familie. Ihr Mann ist Arzt, da sind ihm medizinische Probleme ja nicht fremd. Sie müssen sich nicht sofort am Telefon entscheiden, besprechen Sie alles in Ruhe mit Ihrer Familie. Wenn Sie Interesse haben, rufen Sie mich am nächsten Tag an, wir schicken Ihnen dann umgehend die Kinderakte.“

„Vielen Dank,“ antwortete ich, „wir lassen von uns hören.“

Damit war das für unsere Familie so schicksalhafte Gespräch erst einmal beendet. Da es Freitagabend war, war unsere komplette Familie noch versammelt, und als ich den Hörer aufgelegt hatte, sah ich in vier erwartungsvolle Gesichter.

„Na," fragte mein Mann, „was war das denn für ein schnelles und einseitiges Gespräch?" - „Ja," entgegnete ich, „Eltern für Kinder hat angerufen." - „Und?" riefen alle wie aus einem Munde. „Eltern für Kinder hat ein kleines Mädchen zur Vermittlung, zwei Jahre alt, mit einer Augenbehinderung. Mehr haben sie nicht gesagt. Wenn wir Interesse haben, sollen wir uns melden." - „Kein Baby?" sagte unsere Große enttäuscht. „Zwei Jahre alt ist ja schon richtig groß. Ich dachte, wir bekommen ein Baby."

Auch mein Mann und ich hatten Bedenken. Zwei Jahre hatten wir immer als ein besonders schwieriges Alter für eine Adoption angesehen. Einerseits bekommt das Kind die Veränderung ganz bewusst mit, andererseits kann man so kleinen Menschenkindern eine Adoption noch nicht verständlich machen. Für ein zweijähriges Kind wird auch der Sprachwechsel ein Problem sein. Dann kann es in den zwei Jahren, die es im Heim lebte, schon sehr starke Schäden bekommen haben. Wer weiß, wie stark hospitalisiert sie schon ist? Was, wenn sie uns nicht annimmt? Oder eine ausgeprägte Bindungsschwäche zeigt?

Unsere Familie war so gut aufeinander eingespielt. Ein Baby, das in die Familie hineinwächst, wäre kein großes Risiko, aber ein fertiges, kleines Menschlein mit seinen bestimmt großen Problemen könnte sich schon als Katalysator erweisen und die Familie ganz schön durcheinanderwirbeln. Konnten wir das unseren Kindern überhaupt zumuten?

Wie stark ein Kind geschädigt sein konnte, haben wir an unserem Nesthäkchen erfahren. Während unser Peter mit seinen fünf Monaten als gesunder Säugling in die Familie kam, war Bienchen hochgradig hospitalisiert gewesen. Sie kam aus einer Massenpflege in Korea und konnte mit ihren acht Monaten noch nichts. Sie war völlig introvertiert, lag nur auf dem Bauch und nickte wie ein kleiner Buddha mit dem Kopf. Sie reagierte nicht auf Geräusche, nicht auf Streicheln, sie war völlig autistisch. Anfänglich wussten wir nicht, ob unsere Kleine nicht etwa geistig behindert wäre, da sie keine Reflexe zeigte.

Aber in unserer Familie taute sie allmählich auf, und beglückt verfolgten wir, wie sie wie ein neugeborenes Baby anfing, erst mit den Augen Kontakt aufzunehmen, dann kam das erste Lächeln, sie fing an zu greifen. Innerhalb von acht Wochen hatte sie ihren gesamten Entwicklungsrückstand aufgeholt.

Ein großes Problem war für uns allerdings in den ersten drei Jahren ihre Bindungslosigkeit. Bienchen wollten mit jedem mitgehen, der nett zu ihr war. Sie weinte unseren Gästen bitterlich nach. Nadia und Peter waren mit ihren damals sechs und drei Jahren noch zu klein, um etwas von den psychischen Problemen ihrer Schwester verstehen zu können, und standen oft fassungslos neben Bienchen, wenn diese von uns Eltern wegstrebte und Fremden hinterher weinte.

Bedingt durch die Erfahrung mit unserer Kleinen stellten wir uns das Problem mit einem zweijährigen Heimkind noch gravierender vor. Für ein Kind, das zwei Jahre in einem Heim lebt, war das Heim seine Welt, und nur diese kennt es. Welche Ängste würde es haben, wenn wir dort erscheinen, um es zu holen? Wir sehen anders aus, sprechen anders. Würde sie es verstehen, dass es zu ihrem Besten ist?

Viele Fragen wurden an diesem Abend noch erörtert. Viele unserer Ängste sprachen wir aus. Aber auf der anderen Seite war da ein kleines Mädchen, das Hilfe brauchte. Mit schon zwei Jahren und einer Behinderung waren ihre Chancen auf Adoption durch eine Familie nicht sehr groß. Die meisten Eltern wünschten sich nun mal einen gesunden Säugling, wie wir eigentlich auch. Es ist ja auch so ein Genuss, jede Entwicklungsphase seines Kindes mitzubekommen. Aber wir hatten schon dreimal das große Glück, ein Baby bekommen zu haben, und unsere Familie war stabil. Warum sollten wir es nicht schaffen mit einem älteren Kind?

Nachdem wir von unserem inneren Bild eines gefüllten Babykorbes Abstand genommen hatten, konnten wir es uns schon vorstellen, ein zweijähriges Kind aufzunehmen.

Unsere warmherzige liebevolle Nadia sagte am Ende des langen Gespräches: „Mama, ich glaub, ich will gar kein Baby mehr. Mir tut dieses kleine Mädchen so leid, hat schon keine Eltern und noch ein krankes Auge... Sie braucht uns mehr als irgend ein Baby. Kleine Babys werden doch immer schnell vermittelt. Ich habe das Gefühl, diese Kleine ist für uns bestimmt!"

Wir guckten Nadia an. Wie schaffte sie es nur immer wieder, unsere Gefühle so gut auf den Punkt zu bringen?

Nadia – von uns Nana genannt – wischte alle unsere Bedenken mit einem Streich aus. Auch Peter und Biene fanden Gefallen an einer zweijährigen Schwester. Ihr Motto lautete: „Mit der können wir ja schon was anfangen. Ein Baby schläft ja nur."

So bekundeten wir am Tag darauf unser Interesse bei EfK und bekamen umgehend die Kinderakte zugesandt.

Sirintra

Drei Tage nach dem für uns so entscheidenden Anruf brachte der Postbote einen dicken braunen Briefumschlag mit einem Stempel von EfK.

„Kinder," rief ich laut, „die Akte ist da!" Nadia, Peter und Biene kamen angerannt. „Mach, auf, mach auf!" forderten alle aufgeregt.

Ich zögerte. „Was ist, wenn die Kleine euch nicht gefällt?" – „Wir nehmen sie trotzdem, sie braucht uns," entgegnete unsere Große. Peter und Biene nickten. Schon jetzt haben sie ihre neue Schwester kompromisslos angenommen, erkannte ich gerührt. Ich riss den schweren Briefumschlag auf. Als erstes fiel ein kleines Foto heraus. Da guckte sie uns an. Unsere Kleine hatte plötzlich für uns ein Gesicht und einen Namen:

Sirintra, geboren 19.10.86

stand auf dem Bild.

Sirintra...ein noch so kleines Mädchen. Sie sah ganz babyhaft aus. Mit ihren schwarzen Augen guckte sie uns aus dem Bild leicht abwesend an. Tränen hingen noch in den Augenwinkeln. Sie wollte nicht fotografiert werden, das sah man deutlich. Die kurzen Härchen waren auf dem Kopf mit einem kleinen Schleifchen abgebunden worden.

„Das ist sie also," sagte Nana, „ich habe sie mir ganz anders vorgestellt, so wie Bienchen etwa. Sieht ganz anders aus, aber süß ist sie, unheimlich süß, findest du nicht auch, Mama?"

Ich guckte mir das Bild wieder an. Ja, das ist mein viertes Kind! Ich spürte es sofort. Gerührt sah ich auf die Frisur. Genau so eine hatte ich immer unserer Kleinen gemacht in dem gleichen Alter.

„Gefällt mir," sagte neben mir Peters tiefe Jungenstimme, „die nehmen wir." Damit war für ihn die Sache klar, und er ging wieder zum Spielen.

„Wie findest du denn die kleine Sirintra?" fragte ich nun unsere Biene und nahm sie auf den Schoß. „Ich weiß nicht," kam zaghaft ihre Antwort. Na, dachte ich, da müssen noch einige Gespräche mit Nabee folgen, mir schien ihr Stimmchen etwas angstgeladen. In meine Gedanken rief Nadia: „Mama, komm, wir fahren sofort in die Praxis zum Papa, er muss die Bilder auch sehen."

Schnell stiegen wir mit den Unterlagen ins Auto und fuhren los. Auf dem Weg zur Praxis las Nana uns die spärlichen Angaben zu Sirintra vor. Sie lebte von Geburt an im Phyathai-Kinderheim in Bangkok. Ihre Mutter hatte sie nach der Geburt im Krankenhaus zurückgelassen. Sirintra wurde als aufgeschlossenes Kind beschrieben, das schon gut spricht. Das linke Auge war laut Arztbericht zu klein und hatte ein abgeheiltes Hornhautgeschwür. Weitere Angaben waren nicht gemacht.

In der Stadt angekommen, stürmten wir sofort in die Praxis, dann ins Sprechzimmer. „Da ist das Foto," sagte Nadia und legte Sirintras Foto ihrem Vater auf den Tisch. „Süß!" sagte mein Mann und guckte mich an. An seinen Augen und seinem Lächeln erkannte ich, er hatte wie ich Sirintra sofort angenommen. Ihm war klar, das ist unser viertes Kind! Es gab keine Zweifel mehr.

Sofort zeigte er seinen Mitarbeiterinnen voller Stolz das Bild seiner neuen Tochter. Dann wandte er sich dem Arztbericht zu. „Ich werde nachher einen Augenarztkollegen konsultieren, mal sehen, ob noch was zu machen ist mit Sirintras Auge."

Als er am Abend nach Hause kam, teilte er uns mit, dass Sirintra wahrscheinlich auf dem linken Auge erblindet ist. Aber Genaues würden wir erst wissen, wenn sie hier einem Augenarzt vorgestellt wurde. Wir hofften, sie bald bei uns zu haben, um sie so schnell wie möglich medizinisch versorgen zu können.

In der Hoffnung, den Adoptionsablauf bedingt durch die medizinische Notwendigkeit einer eventuellen Spezialbehandlung verkürzen zu können, stellten wir voller Optimismus die für Thailand notwendigen Papiere zusammen, mit der Bitte um zügige Bearbeitung, damit Sirintra so schnell wie möglich ärztlich behandelt werden könne.

Wir rechneten mit einer Wartezeit von zwei, drei Monaten, bis wir unsere Kleine endlich in die Arme schließen könnten.

Was für ein großer Irrtum!

Die Wartezeit begann...

Das lange Warten

Nachdem alle Unterlagen beim DPW (Department of Wellfare) in Bangkok vorlagen, konnten wir nichts anderes tun als warten.

Weihnachten kam, es wurde wie immer ein schönes Fest. Aber im Hinterkopf war bei uns allen Siri, die noch nicht bei uns war.

Es folgte der Januar, wir hörten nichts aus Thailand.

Langsam wurden wir unruhig. Abgelenkt wurden wir durch die Augenoperation unseres Nesthäkchens. Ich ging mit Bienchen für drei Tage ins Krankenhaus, sie überstand die Operation sehr gut. Nabee hat die Tage, in denen sie mich zur völligen Verfügung hatte, sogar sehr genossen.

Nachdem wir wieder zu Hause waren, rief ich bei unserer Adoptionsvermittlungsstelle an. „Nein," war die entmutigende Antwort, „wir haben noch nichts aus Thailand gehört. Wir haben auch noch keine Erfahrungswerte, wie lange der Adoptionsablauf in Thailand dauert, da Sie zu den ersten Eltern gehören, die Kinder aus Thailand erwarten. Aber inzwischen warten mit Ihrer Familie noch vier weitere. Wenn Sie Interesse haben, schicken wir Ihnen die Adressen zu. So können Sie sich austauschen." Ja, das wollten wir gerne. Dann erfuhren wir noch, dass Thailand erwartet, dass man das Kind persönlich abholt.

Ein Gespräch der Adoptiveltern mit Mitarbeitern des DPW war für die Adoption unerlässlich. Wenn möglich, sollten beide Elternteile erscheinen, in Ausnahmefällen konnte es auch ein Elternteil sein, dieser müsste dann die Vollmacht des anderen mitbringen. An der Stelle des Gespräches musste ich schlucken. Ein Flug nach Thailand! Um Gottes willen! Ich hatte schreckliche Angst vorm Fliegen. Bis jetzt hatte ich mich immer erfolgreich vor Flugreisen gedrückt. Lieber saß ich tagelang im Auto, als in ein Flugzeug zu steigen. „Ist es wirklich notwendig, dass wir nach Thailand fliegen?“ fragte ich schnell nach, „Unseren anderen Kinder sind doch auch mit Kindertransporten gekommen.“ Die „Geburt“ von Peter und Biene fand bei uns am Flughafen statt. „Nein, das ist für Thailand absolute Bedingung.“ war die Antwort. Dann wurde mir berichtet, dass eine Mitarbeiterin von EfK diese Woche nach Thailand fliegen würde. Sie wollte die zu vermittelnden Kinder besuchen, neue Bilder machen und über den Zustand der entsprechenden Heime berichten. Auch wollte sie mit Mitarbeitern des DPW persönlich sprechen, um zu erfahren, wie lange der Adoptionsablauf dauern würde. So hatte ich in dem Gespräch mit EfK doch noch einiges erfahren.

Den Flug allerdings musste ich erst verdauen. Am Abend wurde in der Familie die Neuigkeit erst einmal diskutiert. Meine Ängste wurden von den Kindern belächelt. „Ganz schön blöd, die Mama!“ war das Fazit der Kinderschar. Auch mein Mann beruhigte mich: „Du wirst das schon schaffen, wie viele Flugzeuge stürzen schon ab? Halte dir die Statistik vor Augen, dann hast du auch keine Angst mehr.“

Wir konnten die Zeit, bis Frau Weiher aus Thailand zurückkam, kaum erwarten, erhofften wir uns von ihr doch die baldige Erlösung aus unserem Wartestand. Auch wollten wir mehr über unsere ferne Kleine erfahren.

Nachricht bekamen wir schriftlich im Februar. Ein dicker Brief erschien. Als erstes guckten wir uns die Bilder an. Wie hatte Siri sich verändert! Deutlich größer geworden war sie. Sie hatte das Babyhafte verloren, war zu einem Kleinkind herangewachsen. Auf allen Bildern sah sie wieder so schrecklich unglücklich aus. Sie klammerte sich an die Beine ihrer Betreuerin. Frau Weiher beschrieb sie als ein aufgewecktes Kind, das gut spricht, aber sehr viel Angst vor Fremden hat. Das Heim war für ein Heim der Dritten Welt sehr gut. Die Ernährung war ausgewogen, jedenfalls, als Frau Weiher dort war. Die Kinder spielten tagsüber in einem großen Garten, auch davon hatten wir Bilder. Geschlafen wurde in Gitterbettchen, die in riesigen Sälen aufgestellt waren. Die Kinder hatten auch Spielzeug zur Verfügung, allerdings nicht viel. Die Kleidung war sauber. Das Heim machte auf den Fotos einen guten Eindruck, war aber nicht mit unseren Maßstäben zu messen. Für Individualität des einzelnen Kindes war kein Platz dort. Die Kinder wurden in der Masse so optimal wie möglich versorgt. Von den Erzieherinnen und Erziehern schien auch nicht viel Wärme auszugehen. Sie wirkten in ihren Uniformen eher wie Gefängniswärter.

Was Frau Weiher über den Adoptionsablauf in Thailand schrieb, erschreckte uns sehr. Die Behörden arbeiten dort zwar korrekt, aber sehr langsam. Eine Wartezeit von ein bis zwei Jahren wäre dort keine Seltenheit. Auch ein Attest, dass ein Kind zwecks Behandlung so schnell wie möglich das Land verlassen müsste, würde dort nicht zählen, da in Thailand ebenfalls qualifizierte Ärzte wären, die die Kinder optimal versorgen würden.

Nach dem Brief waren wir sehr niedergeschlagen. Unsere Kleine müsste vielleicht noch weitere Monate in diesem Heim lieblos aufwachsen, und wir konnten nichts ändern. Ich weinte bitterlich, als ich ihre Bilder betrachtete. Wie gerne hätte ich sie getröstet. Was ist, wenn ihr dort etwas passiert? Wenn sie krank wird, bevor wir sie zu uns nehmen können?

Die Wartezeit wurde uns zur Qual. Oft telefonierte ich mit den anderen Familien, die auch auf ihre Kinder warteten, besonders häufig mit Familie Weber aus Bayern. Sie warteten auf Oranut, ein anderthalb Jahre altes Mädchen, das ebenfalls ein medizinisches Problem hatte. Sie litt an einer Lippen-Gaumenspalte und Ohrenproblemen. Für Familie Weber war Oranut, später Anna genannt, das dritte Kind. Auch diese Familie erlitt alle Ängste und Qualen der Wartezeit wie wir. Oft, in trüben Stunden, dachte ich, was ist, wenn Sirintras Akte in irgend einer Schublade in Thailand verstaubt und so keiner dort erfährt, wie sehnsüchtig wir auf dieses Kind hier warten?

Gott sei dank wurden wir aus solch negativen Gedanken immer wieder durch unser temperamentvolles Trio herausgerissen, das bei allem Warten sein gewohntes Familienleben forderte und uns täglich auf Trab hielt.

So wurde es Ostern ohne Siri, dann Mai. Jeder Anruf, jede Post, wurde sehnsüchtig erwartet, und enttäuscht dachten wir: wieder keine Nachricht!

Dann plötzlich Mitte Mai kam ein Brief von EfK. Das erste thailändische Kind durfte abgeholt werden, ein kleiner sechsjähriger Junge. Die Eltern bekamen drei Termine, an denen sie in Bangkok im DPW erscheinen konnten. Endlich kam Bewegung in das Warten der Eltern. Wie beneideten wir diese erste Familie! Wie gerne wären wir mitgeflogen.

Wir bekamen die Möglichkeit, durch diese Familie unseren Kindern etwas mitzugeben. So packten wir für Sirilein liebevoll ein Päckchen, zu groß sollte es nicht sein, da viele Familien ebenfalls für ihre Kinder Geschenke mitgaben. Wir entschieden uns, unserer Kleinen ein Kleidchen, einen Teddy, einige Süßigkeiten und – ganz wichtig – Fotos von uns und einen Brief zu schicken. In diesem schrieben wir ihr, wie sehr wir auf sie warten und dass wir hoffen, sie bald holen zu können.

Drei Wochen später kam ein Brief von der zurückgekehrten Familie. Wieder erfuhren wir, dass die thailändischen Behörden sehr langsam arbeiten, die Mitarbeiter den Adoptiveltern aber sehr freundlich begegnen und vor Ort helfen, wo sie nur können. Die Familie hatte sich auf einen vierzehntägigen Aufenthalt eingerichtet, konnte jedoch schon nach einer Woche mit ihrem Sohn das Land verlassen. Die Adoptionspapiere bekamen sie bei den Pflichtgesprächen im DPW. Bei diesem Gespräch wollten die Mitarbeiter persönlich von den Eltern erfahren, wie sie leben, was sie bewogen hat zur Adoption eines thailändischen Kindes usw. Der Aufenthalt in Thailand war für diese Familie unproblematisch verlaufen, das ermunterte natürlich uns wartenden Eltern sehr.

Dem Bericht lagen noch einige Fotos von Sirintra bei. Da stand sie, hatte das von uns gekaufte Kleidchen an, unsere Bilder in der Hand, den Teddy im Arm. Wieder rollten bei uns die Tränen. Inzwischen war ich bereit, in jedes Flugzeug zu steigen, zu jeder Zeit. Die Hauptsache war nur noch, sie bald im Arm halten zu können.

Erneut hatte sich Siri im Gesicht verändert. Wieder ein Entwicklungsschritt, den wir nicht mitbekommen haben. Inzwischen war Sirintra schon über zweieinhalb Jahre alt.

Wieder vergingen die Monate. Keine weitere Familie bekam Nachricht. Wieder wuchs die Unsicherheit bei allen Wartenden.

Dann, im August, durfte Familie Weber, mit der wir immer telefonierten, zu ihrer Oranut. Oranut lebte im gleichen Heim in Bangkok wie Siri. So war es selbstverständlich, dass wir wieder ein Päckchen für unser Kind mitgaben.

Auch bei Oranuts Familie verlief der Aufenthalt in Thailand völlig unproblematisch. Familie Weber brachte uns eine erfreuliche Nachricht mit, der Pass von Sirintra war in Thailand beantragt worden, alles deutete darauf hin, dass wir die nächsten Eltern sein könnten, die nach Thailand fliegen durften.

Am 8. September kam gegen Mittag ein Anruf. Ich nahm den Hörer, es war EfK. Wir durften fliegen!

An diesem Tag ging ich zur Bushaltestelle, um Nadia vom Schulbus abzuholen. Als Nana mich sah, rief sie: „Eltern für Kinder hat angerufen, stimmt's?“ Ich nickte, und wir fielen uns glücklich in die Arme.

Der werdende Vater erfuhr die Nachricht am Arbeitsplatz. „Endlich!“ war sein erlösender Seufzer.

Nun gingen wir daran, in Windeseile den Flug zu buchen. Wir wollten den Gesprächstermin am Donnerstag, dem 14.10., in Bangkok wahrnehmen. Wir mussten am 9.10. hinfliegen, der Rückflug sollte am 16.10. stattfinden. Eine Woche mussten wir vor Ort bleiben, da dann der Flug billiger wurde. Bei fünf Personen hin und sechs Personen zurück war jede Mark, die wir sparten, wichtig. Den billigeren Charterflug konnten wir nicht nutzen, da wir zurück ja eine Person mehr waren. So mussten wir Linienflug buchen.

Aber was wir nicht erwartet hatten, es war sehr schwer, noch so kurzfristig Plätze nach Bangkok zu bekommen. Die Route war sehr beliebt. Wir hatten Glück, und unsere Geschichte rührte einen Reisebüroleiter so, dass er alle Hebel in Bewegung setzte. Dank seiner Hilfe konnten wir unseren Flug zu dem von uns gewünschten Termin buchen.

Der erste Schritt in Richtung Sirintra war getan!

Die Vorbereitung

Jetzt hieß es packen. Die Frage war, wie groß mag Siri sein, was sollten wir einpacken? Wir entschieden uns für Kleidung in Größe 92. Siri würde klein sein für ihr Alter. So kamen leichte Sommerkleidchen, Unterwäsche und für den Rückflug warme Hosen und Sweatshirts in den Koffer.

Unsere Kinder wurden doch aufgeregt. Elf Stunden Flug, dann in ein so fernes, unbekanntes Land. Sie hatten das Gefühl, in ein Abenteuer zu starten.

Da die Thailandreise genau in die Herbstferien fiel, mussten wir unsere drei nicht von der Schule befreien lassen. Was wurden sie von ihren Freunden bewundert! „Eine Urlaubsreise nach Thailand," hieß es im allgemeinen, „habt ihr es gut!"

Ich versuchte, nur an die positive Seite zu denken, um meine Flugangst nicht zu groß werden zu lassen.

Mit der Fahrt zum Bahnhof Duisburg begann unsere Reise zu Siri. Von dort aus brachte uns der Zug zum Flughafen Frankfurt. Abflug unserer Maschine war 23.00 Uhr Ortszeit. Alles verlief reibungslos.

Am Flughafen trafen wir auf noch eine Familie, die ebenfalls auf ihr Kind aus Thailand wartete, und nahmen Unterlagen und ein Geschenk für den kleinen Sohn der Familie mit.

Nach dem Einchecken kam bei uns allen eine große Ruhe auf. Alles war getan. Nun konnte uns nichts mehr aufhalten.

Eine Enttäuschung mussten wir noch hinnehmen. Aufgrund eines Fehlers waren unsere Plätze nicht mitgebucht worden, und wir saßen in der großen Maschine alle an anderen Stellen. Nadia und Peter saßen in Sichtkontakt zu mir und Bienchen, und mein Mann musste völlig allein im Raucherabteil sitzen.

Beim Abflug gab Bienchen mir ihr kleines Händchen und flüsterte: „Mama, du brauchst keine Angst zu haben, ich bin ja bei dir!"

Ich wunderte mich wieder einmal, wie genau alle unsere Kinder mich kennen. Wie oft können sie meine Stimmung erahnen und das richtige Wort zur rechten Zeit sagen. Gerührt nahm ich meine noch Kleine in die Arme, und ich stellte fest, dass meine Angst nachließ. Langsam konnte ich das Fliegen sogar genießen. Und jede Stunde brachte uns das Flugzeug unserem Kind näher.

Unsere Kinder hatten nicht die geringste Flugangst. Peter und Nadia waren fasziniert von den Möglichkeiten der Abwechslung im Flugzeug. Zuerst wurden alle Radiokanäle durchforstet, dann, nachdem der Blick aus dem Fenster ihnen langweilig wurde und das Abendessen gereicht war, lehnten sie sich genüsslich zurück, um die angekündigten Filme zu sehen.

Mein kleines Bienchen schlief, da es ja schon 24.00 Uhr nachts für uns war, ein und bekam von dem ganzen Flug fast nichts mit. Unsere Großen schliefen später ebenfalls für einige Stunden. Diese Ruhe war meinem Mann und mir nicht möglich, dazu waren wir zu aufgeregt. Was würde wohl alles in den nächsten Tagen passieren? Wie würde Siri auf uns reagieren? Vorfreunde und Ängste wechselten einander ab und ließen uns nicht zur Ruhe kommen. Wir hatten von EfK eine Kontaktadresse erhalten, „Friends for all Children". Eine Hilfsorganisation, mit der EfK zusammenarbeitet, sollte uns in Bangkok behilflich sein. Eine Mitarbeitern von FfaC, Rosemarie Taylor, wartete auf unseren Anruf nach unserer Ankunft in Bangkok.

Nach einem uns endlos erscheinenden Flug, der Gott sei Dank völlig ruhig verlief, landeten wir um 17.00 Uhr Ortszeit in Bangkok.

Das erste, was uns beim Verlassen des Flughafens schockte, war die schwüle Hitze. Durch die hohe Luftfeuchtigkeit hatte man das Gefühl, es fehle der Sauerstoff zum Atmen. Sofort klebten uns die Kleider am Leib. „Puh, ist das schrecklich heiß hier!“ war auch der erste Kommentar von unserem wiedererwachten Bienchen. „Meinst du, man kann sich an diese Hitze hier gewöhnen?“ fragte Peter. „Wie können die Menschen hier nur leben?“ meinte Nadia.

Uns Eltern war alles egal. Hauptsache, wir hatten festen Boden unter den Füßen.

In der klimatisierten Flughalle kamen wir langsam wieder zu uns. Nachdem wir unsere Koffer in Empfang genommen hatten, fuhren wir mit dem Taxi zum Hotel. Bangkok, die „Stadt der Engel“. Was wir auf dieser ersten Fahrt zu sehen bekamen, ließ uns an diesem Spruch zweifeln. Die Engel, meinte Nana, müssen die Stadt schon längst verlassen haben.

Die Stadt quoll über von Menschen, Autos, Dreck und Gestank. Slums, wohin man schaute, dazwischen die prachtvollsten Hotels. Unsere Kinder waren geschockt. Dann hielten wir vor unserem Hotel. Wir hatten ein sehr gutes Hotel gebucht, aber so einen Komfort hatten wir nicht erwartet. Orientalisch gekleidete Diener nahmen uns jede Arbeit ab. Wir bezogen ein wundervolles, elegantes, großes Hotelzimmer mit allem Komfort. Das Hotel selbst erschien uns wie ein Paradies. Ein Hotel von solchem Ausmaß und Schönheit hatten wir in Europa noch nicht gesehen.

Hinter dem Hotel erstreckte sich ein exotischer Park, Mittelpunkt der Anlage war ein riesiger Swimmingpool, der eine Palmeninsel umschloss.

So eine Pracht war für uns alle erschlagend. Vor dem Hotel Dreck und Elend, im Hotel eine völlig andere Welt. Extremer hätten unsere Kinder die Dritte Welt nicht erleben können.

Inzwischen war es 19.00 Uhr Ortszeit, und wir waren nach zwei schlaflosen Nächten so müde, dass wir nur noch in die Betten fallen wollten. Schnell riefen wir Rosemarie Taylor an, wir meldeten unsere Ankunft und verabredeten uns für den nächsten Tag um 11.00 Uhr. Unser Treffpunkt war die Zentrale von FfaC. Danach sanken wir erschöpft in die Betten und schliefen traumlos in einen neuen, für uns alle so ereignisreichen, Tag.

Die erste Begegnung

Als wir am nächsten Morgen aufwachten, waren wir alle sofort hellwach. Heute war der aufregende Tag der ersten Begegnung.

Da wir uns in Bangkok trotz eines guten Lageplans nicht zurechtfanden, entschlossen wir uns, die Strecke zum FfaC mit einem Taxi zurückzulegen. Unsere Kinder hatten begeistert schon am gestrigen Tage das „Tuk-Tuk-Taxi" entdeckt, und mit genau so einem Vehikel wollten sie fahren. Wir fügten uns ihrem Wunsch und bestiegen das motorisierte Dreirad. Einmal und nie wieder! Das war uns nach der Fahrt klar. Der Fahrer raste durch den Verkehr, jede Lücke nutzend, in Höchstgeschwindigkeit. Fünf Minuten später hatten wir das Gebäude von FfaC erreicht.

Rosemarie Taylor, eine sympathische Frau mittleren Alters, gebürtige Australierin, begrüßte uns. Sie arbeitete schon viele Jahre in Thailand und betreute viele Objekte, u.a. auch Adoptionen.

In der Zentrale lebten zur Zeit unserer Ankunft auch zehn Kinder unterschiedlichen Alters, die dort bis zu ihrer Adoption wohnten.

Rosemarie Taylor war sichtlich erfreut, dass wir unsere Kinder mitgebracht hatten, sie meinte, das würde es Siri sehr erleichtern, zu uns Kontakt aufzunehmen.

Vor dem Abflug nach Thailand hatten wir uns große Sorgen gemacht, wie es mit der Verständigung sein würde. EfK hatte uns gesagt, dass man mit Englisch gut zurechtkommt, weil der Schriftverkehr in Thailand englisch sei. Tatsächlich reichte unser Schulenglisch aus, und wir konnten uns überall verständigen, sei es im Hotel, bei FfaC oder im Heim. Wir hatten keine Sprachprobleme.

Frau Taylor teilte uns mit, dass wir um 12.00 Uhr im Phyathai-Kinderheim erwartet würden. Sie bestellte uns ein Taxi, dieses Mal ein richtiges Auto, und mit einer thailändischen Begleitung fuhren wir zum Heim.

Jetzt hatten wir keine Auge mehr für die chaotischen Verkehrsverhältnisse, dazu waren wir zu aufgeregt. Als Geschenk für die Kinder des Heimes hatten wir einen riesigen Sack Legos dabei. Für Siri hatten wir ein Püppchen, Lutscher und ein Fisher-Price-Flugzeug mitgenommen.

Endlich erreichten wir nach langer Fahrt das Heim. Kein Kind war draußen zu sehen. Es war Mittagszeit.

Wir wurden der Heimleitung vorgestellt, man nahm unser Geschenk dankbar an, dann wurden wir in den Speisesaal geführt. Da saßen sie nun, die kleinen Jungen und Mädchen. An Sechsertischen aufgereiht aßen sie alle brav ihr Mittagessen. Es war eine Art Hühnersuppe mit Reis. Als die Kinder uns Fremden bemerkten, standen viele auf und rannten auf uns zu und wollten auf den Arm genommen werden. Unzählige winzig kleine Händchen streckten uns die Löffel entgegen und wollten gefüttert werden.

Aber wo war Sirintra? Die Heimleiterin bemerkte meinen fragenden Blick und führte mich an einen der kleinen Tische. Da saß unsere Kleine!

Unverwandt blickte sie uns an. Mit dem gesunden, großen Auge, das kranke Auge war fast geschlossen, guckte sie uns sehr skeptisch an. In einem ärmlichen grünen Schürzchen über einem orangefarbenen Unterhemd saß sie da wie versteinert. Ich spürte gleich, sie wusste, wer wir waren!

Sie wusste, diese Fremden kommen jetzt gleich und holen mich. Ich spürte ihre Angst. Ich musste alle Kraft zusammennehmen, um sie nicht sofort meinem Bedürfnis folgend in die Arme zu nehmen. Ich hatte schreckliche Sorge, sie würde dann noch mehr verschreckt sein. So redete ich mit ihr, nahm den Löffel, um sie zu füttern. Aber Siri wollte nicht mehr essen.

So nahm ich sie auf den Arm und ging mit ihr in den Garten. Mein Mann und die Kinder folgten. Wir setzten uns auf eine der Schaukeln und versuchten, mit Siri zu spielen. Sie bekam unsere Geschenke, aber sie reagierte nicht darauf. Sie saß da wie eine bewegungslose kleine Puppe. Siri weinte nicht, sie strebte auch nicht von uns weg. Sie erschien leblos. Da gab Nana ihr einen Lutscher, und diesen nahm sie und lutschte voller Genuss. Wir blieben einige Zeit mit ihr im Garten, nahmen sie an die Hand und liefen durch den Park von Spielgerät zu Spielgerät. Siri ging mit uns, aber sie zeigte keine Reaktion.

Nach einer Stunde verabschiedeten wir uns von der Heimleitung und traten mit Siri die Fahrt ins Hotel an. Auf der Rückfahrt saß Siri im Taxi auf meinem Schoß, und wir betrachteten sie genauer. Mein Gott, war sie winzig! Sie war nicht größer als ein einjähriges Kind, obwohl sie in der nächsten Woche schon drei Jahre alt werden würde. Ich streichelte sie zärtlich. Aber Siri reagierte nicht, mit leeren Augen schaute sie teilnahmslos auf die Straße. „Was sie jetzt wohl denkt?“ sagte Nadia, „Ob sie weiß, dass sie jetzt für immer bei uns bleibt?“ überlegte Peter laut. Unser Bienchen saß auf Papas Schoß und schwieg. „Bienchen, wie gefällt dir deine kleine Schwester?“ fragte ich. „Gut,“ antwortete Bienchen leise, „aber sie tut ja gar nichts.“ – „Sie ist völlig verstört,“ erklärte ihr Papa, „deshalb hat sie, glaube ich, ganz abgeschaltet. Wir müssen ihr Zeit lassen.“

Im Hotel angekommen, setzten wir unsere Kleine erst einmal in die Badewanne. Vielleicht machte ihr das Baden Spaß. Aber auch jetzt ließ sie alles völlig passiv mit sich geschehen. Da saß sie so winzig und verloren in der großen Badewanne. Sie wirkte so unendlich traurig. Ich nahm sie in die Arme und trug sie wiegend und singend durchs Zimmer, um ihr Geborgenheit zu geben. Dann zogen wir sie an. Alle unsere Kleider erwiesen sich als viel zu groß. Dennoch sah sie entzückend aus in dem neuen Kleidchen mit dem von der Wäsche duftenden Haar.

Als sie sich so im Spiegel betrachtete, meinten wir, ein ganz kleines Lächeln zu beobachten. Wir hatten ihr ein goldenes Armbändchen mit ihrem Namen von zu Hause mitgebracht. Nadia band es ihr um. Fasziniert betrachtete Siri ihren Arm und guckte uns mit großen Augen an. Langsam kam Leben in ihre Augen.

Dann, plötzlich und unerwartet, nahm Siri Nadias Hand und führte Nadia durchs Zimmer ins Bad. Kurz darauf hörten wir Nanas Schrei. Wir liefen ins Bad und mussten lachen. Siri hatte den Kopf in die Toilette gesteckt, um zu trinken. Die Funktion der Toilette war ihr wohl nicht klar. Kurz darauf zog Siri Nana zum Zimmerausgang. Fest Nadias Hand haltend, fing Siri an, das Hotel zu erkunden. Peter und Bienchen immer hinterher. Jede Bewegung von Siri wurde beobachtet und begeistert aufgenommen.

So gelangte unser Quartett zum Pool des Hotels. Siri zeigte aufs Wasser und wollte hinein. Der Rest des Tages verging damit, dass sich unsere vier Kinder im Wasser vergnügten. Nana verstand Siri auch ohne Worte. Peter wurde durch Siri die Aufgabe zugeteilt, Spielpüppchen, die Siri ins Wasser warf, herauszuholen. Bienchen vergnügte sich mit Papa im Pool. Die Stunden am und im Wasser machten allen Spaß, und der Tag verging ohne die von uns so befürchteten starken Reaktionen von Siri. Wir hatten gedacht, sie würde vielleicht aus Angst weinen, sich gegen uns wehren oder zu den thailändischen Hotelbediensteten streben. Aber genau das Gegenteil traf ein. Als unsere sehr liebevolle Kellnerin beim Abendessen mit Siri reden wollte, verhielt sie sich sehr abweisend. Siri guckte weg, drängte sich an Nadia. Sie tat, als würde sie überhaupt kein Thailändisch verstehen. Erstaunt fragte uns die Bedienerin, ob unsere Kleine denn sprechen könne. Wir freuten uns sehr über diese Reaktion von Siri, zeigte sie uns doch deutlich, dass, wie fremd Siri auch alles erscheinen mag, sie doch verstand, wo sie nun hingehörte, und dass sie uns auch schon angenommen hatte.

Da der Tag voller neuer Eindrücke für unsere Kleine war, der im Heim gewohnte Mittagsschlaf weggefallen war, gingen wir um 20.00 Uhr nach dem Abendessen, bei dem sie fast nichts aß, nur Milch trank, mit ihr aufs Zimmer, um sie schlafen zu legen. Siri ließ sich ohne Probleme ausziehen, wir legte uns alle mit ihr auf das große Bett, damit sie verstand, was wir von ihr wollten. Nana gab ihr einen kleinen Delphin, den sie als Kuscheltier mitgenommen hatte, Sirilein blieb tatsächlich liegen. Ich streichelte ihr Köpfchen, man spürte, wie müde sie war. Sie führte den Delphin an ihr winziges Näschen und rieb ihn dagegen. Dann nahm sie beide Mittelfinger ihrer linken Hand in den Mund und nuckelte.

Plötzlich füllten sich ihre schwarzen Äuglein mit Tränen, die tonlos die braunen Bäckchen herabliefen. Sie wirkte so traurig. Vor dem Einschlafen fiel ihr wohl so richtig auf, wie fremd alles war. Kein großes Gitterbettchen, auch wussten wir nicht, welche Einschlafzeremonie sie gewohnt war. Da lag sie hier im großen fremden Bett, umgeben von ihr erst seit heute bekannten Menschen. Große Einsamkeit, so schien es, kam in ihr hoch, und während ihre Tränen liefen, blieb uns nichts anderes übrig, als sie zärtlich zu streicheln und neben ihr zu liegen, bis sie eingeschlafen war.

Dennoch saß uns allen ein sehr dicker Kloß im Hals. Diese Tränen hatten uns alle ganz traurig gemacht. Uns fiel auf, wie sehr doch die Sprache fehlte. Hätte sie uns verstanden, hätten wir ihr erzählen können, dass jetzt alles gut für sie wird, dass sie nun ihr Zuhause gefunden hatte, nicht mehr allein sein musste, dass wir immer für sie da sind und sie immer beschützen werden. So konnten wir ihr die Ängste nicht nehmen.

Da wir alle noch sehr aufgeregt waren durch die Ereignisse des Tages, fanden wir, nachdem Siri schlief, noch nicht die Ruhe, selbst zu schlafen. So saßen wir da und unterhielten uns leise. Wir wollten das Zimmer nicht verlassen, da wir Sorge hatten, Siri könnte erwachen und sich dann alleine fühlen.

Wir fragten unsere Kinder nach ihren ersten Eindrücken dieses Tages. Nana erzählte uns, dass sie zuerst völlig erstaunt darüber war, dass alle Kinder auf uns einstürmten, gefüttert und gestreichelt werden wollten. Als sie dann Siri sah, hatte sie zuerst gar kein besonderes Gefühl. Da hatte sie sich so auf sie gefreut, und jetzt dachte sie nur einfach, das ist sie also. Auch hätte sie sich anfänglich etwas vor ihr geekelt. Siri sah so schmuddelig aus in den alten Sachen, und Nana hatte Angst, sie könnte vielleicht Läuse haben. Erst als sie sie im Hotelzimmer gebadet und umgezogen hatte, fand Nadia sie so richtig süß. Jetzt machte es ihr auch Spaß, sie auf den Arm zu nehmen und mit ihr zu schmusen, und als Nadia merkte, dass sich Siri besonders zu ihr hingezogen fühlte, war sie unsagbar glücklich. Genau das hatte sie sich nämlich die ganze Zeit gewünscht. Sie hatte gehofft, Siri würde auf sie zukommen und sich freuen, eine große Schwester bekommen zu haben. Und nun war es tatsächlich eingetreten. Es schien nach diesem Tage so, dass Siri Nana zu ihrer Hauptbezugsperson gemacht hatte. Darüber war Nana sehr, sehr froh.

Peter war am meisten von dem Betreuungspersonal des Heimes beeindruckt gewesen. Die Uniformen, die sie trugen, ließen sie wie Soldaten erscheinen. Dann fragte ich ihn: „Wie fandest du denn im ersten Moment deine kleine Schwester?“ Peter antwortete: „Ich habe sie anfänglich gar nicht gesehen, ich hatte so viel zu tun, ich fütterte drei kleine Mädchen gleichzeitig, so dass ich mich gar nicht um Siri kümmern konnte. Später im Garten auf der Schaukel fand ich sie dann gleich süß. Ich hab mich gefreut, dass wir sie endlich haben. Es hat mir auch viel Spaß gemacht, heute im Pool für sie zu tauchen. Ich habe gemerkt, es macht ihr Freude, wenn ich das Spielzeug hoch hole.“

Bienchen erzählte uns: „Ich finde Siri süß. Eigentlich hatte ich ja Angst, dass ihr euch jetzt nur noch um Siri kümmern müsst, aber Papa hatte heute genau so viel Zeit für mich wie immer, und du auch. Ich finde es schön, dass Siri immer zu Nana will.“

Mein Mann hörte die ganze Zeit schweigend zu, dann sagte er: „Ich freue mich riesig, sie zu haben, ich finde sie unsagbar süß und bin stolz, dass sie unser viertes Kind ist. Und doch bin ich etwas enttäuscht, dass ich so ausgeschlossen bin, sie reagiert ja überhaupt nicht auf mich. Sie tut, als wäre ich nicht da. Ihr habt sie alle schon im Arm gehabt und sie gestreichelt, aber von mir strebt sie fort. Es ist schwer für mich, das zu akzeptieren und zu warten, dass sie auf mich zugeht. Im Heim wich mir ein kleines Mädchen nicht von der Seite, sie wollte nur zu mir und von mir gefüttert werden. Wie sehr habe ich mir da gewünscht, dass es Siri wäre, die sich so an mich anschließt. Hoffentlich legt sich bald ihre Scheu vor mir.“

Am Ende unseres Gespräches fiel uns auf, dass der Tag völlig anders verlaufen war, als wir es erwartet hatten. Wir hatten uns diesen ersten Tag so anstrengend für alle Seiten vorgestellt. Aber es ist Dank unserer Kinder, die es Siri erleichtert hatten, mit der so schwierigen Situation fertig zu werden, sehr harmonisch verlaufen.

Wir überlegten noch kurz, was wir am nächsten Tag machen sollten. Einerseits wollten wir etwas von Bangkok sehen, andererseits wollten wir Siri nicht durch zu viele Eindrücke verwirren.

Am Donnerstag um 12.00 Uhr war der Gesprächstermin im Department of Wellfare, zu dem wir erscheinen mussten. Danach würden uns die offiziellen Adoptionspapiere übergeben. Also blieb für eine Besichtigungsfahrt nur der morgige oder übermorgige Tag.

Am Freitag wollten wir es ruhig angehen lassen, da wir in der Nacht zum Samstag schon um 2.00 aufstehen mussten. Der Rückflug war um 5.00 Ortszeit am Samstagmorgen angesetzt.

Wir entschieden, den morgigen Tag im Hotel und im angrenzenden Park zu verbringen, da es Siri heute so gut am Pool gefallen hatte.

Am Mittwoch wollten wir dann an einer Sightseeing-Tour teilnehmen, die man durch das Hotel buchen konnte. Wir hofften, dass wir Siri damit nicht überforderten. Aber ohne einen größeren Eindruck von der Stadt Bangkok wollten wir Thailand auch nicht verlassen.

Der nächste Tag

Der zweite Tag zeigte uns noch deutlicher, wie sehr Siri sich an Nana angeschlossen hatte. Schon nach dem Aufstehen wich sie nicht mehr von Nadias Seite. Als Nadia wie gewohnt die Tür zum Bad schloss, um sich fertig zu machen, begann Siri laut zu weinen und schmiss sich verzweifelt auf den Boden. Erschrocken öffnete Nana die Tür, sofort streckte Siri ihr die Arme entgegen und die Tränchen versiegten. Nun durfte Nana keinen Schritt mehr ohne Siri tun. Siri folgte ihr wie ein kleiner Schatten. Meistens streckte sie Nana ihre kleinen Ärmchen entgegen, um getragen zu werden. Gott sei Dank war Sirintra leicht. Vor dem Frühstück hörten wir auch zum ersten Mal Sirintras Stimmchen. Wir kamen auf dem Weg zum Frühstücksraum an einem Wasserfall vorbei. Siri, auf Nanas Arm, streckte die Hand in Richtung des Wassers aus und fing an zu reden. „Mama, hast du das gehört?" riefen unsere drei Großen wie aus einem Mund. „Siri spricht!" Fasziniert hörten wir den fremden Klängen zu.

Nach dem Frühstück fragten wir unsere Bedienung, was denn Mutter auf Thailändisch heißt. „Mae" war die Antwort. Was mussten wir kurz darauf lachen, als Nadia nochmals zum Büfett gehen wollte, um sich etwas zu trinken zu holen. Siri stand vom Stuhl auf, auf dem sie saß, lief Nana hinterher und rief laut und deutlich. „Mae!" Siri hatte Nadia zu ihrer Mutter erklärt, und Nadia übernahm diese Pflicht gerne.

Ohne Siri durfte Nana keinen Schritt mehr tun, sonst fing Siri an, laut zu weinen. An Nanas Hand oder auf ihrem Arm fühlte Siri sich sicher und geborgen.

Der zweite Tag im Hotel verlief ebenso friedlich wie der erste. Gegen Abend gingen wir vom Hotel aus in eine nahegelegene Einkaufspassage, um Mitbringsel für zu Hause zu kaufen. Alle paar Meter wurden wir angehalten und gefragt, ob Siri Thailänderin sei. „Is she Thai?" hörten wir auf dem kurzen Weg zum Geschäftszentrum mindestens zwanzigmal. Zuerst wurden wir misstrauisch beguckt. Unsere gemischte Familie war wohl ein zu ungewöhnliches Bild. Als wir dann aber den Fragestellern erklärt hatten, dass wir ins Land gekommen waren, um Siri zu adoptieren, bekamen wir die Sympathie der thailändischen Bevölkerung zu spüren.

Sirintra verhielt sich, wenn sie durch ihre thailändischen Landsleute angesprochen wurde, wieder genau so, wie wir es schon im Hotel erlebt hatten. Sie drückte sich an Nadia und tat, als würde sie nichts verstehen.

Unseren Kindern war der Auflauf, den wir in der Stadt verursacht hatten, so unangenehm, dass sie am liebsten auch den nächsten Tag nur im Hotel verbracht hätten. Das Hotel mit seinen Möglichkeiten erschien ihnen wie das Paradies. Die Straßen von Bangkok mit ihren Garküchen, die Slums und der Gestank der Autos waren ihnen ein Greuel.

Dennoch wurde der Mittwoch für uns alle ein Tag, den wir nicht vergessen werden!

Die Nacht war ruhig verlaufen, Siri hatte problemlos geschlafen. Nach dem Frühstück wurden wir im Hotel mit einem Kleinbus abgeholt. Eine zweite deutsche Familie hatte ebenfalls diese Besichtigungstour gebucht. So fuhren wir zu neun Personen mit einem sachkundigen thailändischen Fremdenführer durch Bangkok.

Nun sahen wir auch die schönen Seite dieser vielfältigen Stadt. Die „Waths" (Tempel der Buddhas) waren prachtvoll, der Königspalast beeindruckend, wir sahen viel Interessantes, und Sirintra machte es Spaß, dabei zu sein. Sie erschien viel aufgeschlossener als die Tage zuvor.

Als wir uns eine kleine, sehr gepflegte Tempelanlage anschauten, lief sie mit Nadia, Peter und Bienchen von Statue zu Statue. Peter spielte mit ihr Verstecken, und als er mit einem lauten „Kuckuck" hinter einem Buddha hervorsprang, lachte sie schallend. Sie schüttelte sich förmlich aus vor Vergnügen, und wir konnten nicht genug davon bekommen, sie so albern und lustig und ausgelassen zu sehen.

Peter wiederholte sein Spiel immer wieder, und Siri wiederholte genau so oft ihr bezauberndes Lachen. Da hatten wir uns so viel Sorgen gemacht, dass wir Siri mit dieser Besichtigungstour zu viel zumuten würden, das Gegenteil war eingetreten.

Siri kam locker und gelöst mit uns an diesem Abend wieder ins Hotel zurück. Sorgen machte uns nur noch ihr mangelndes Interesse am Essen. Sie nahm nur Flüssigkeit zu sich, aber essen wollte sie nicht. Schon nach dem ersten Bissen drehte sie das Köpfchen weg. Da Siri seit dem zweiten Tag auch einen übelriechenden Durchfall bekommen hatte, machten wir uns Sorgen um ihre Gesundheit. Wir konnten die Zeit bis zum Abflug kaum noch erwarten. Zu Hause würden wir unsere Kleine schon aufpäppeln.

Es kam der wichtige Donnerstag. Gegen 11.00 Uhr fuhren wir mit dem Taxi zuerst zum FfaC-Gebäude, dort erwartete uns Rosemarie Taylor. Sie war sehr erstaunt darüber, wie gut sich Siri schon uns angeschlossen hatte. Siri saß auf meinem Schoß, alberte mit Nadia und Peter herum. Den thailändischen Mitarbeitern von FfaC und Rosemarie Taylor hingegen würdigte sie keines Blickes.

Frau Taylor war sehr erfreut über Siris Reaktion, zeigte sie doch deutlich, dass Siri nicht so stark geschädigt war, wie so viele Heimkinder in ihrem Alter, die unfähig waren, Bindungen aufzubauen, und Vertrauen zu jedem Fremden hatten. Der Unterschied zwischen ihr und einem gleichaltrigen Jungen wurde uns gleich deutlich vor Augen geführt. Es erschien kurz nach uns eine Familie aus Norwegen mit ihrem dreijährigen thailändischen Sohn. Sie sollte mit uns und einer Mitarbeiterin von FfaC zum Gesprächstermin des Department of Wellfare fahren. Dieser kleine Junge wollte sofort zu uns und weinte bitterlich, als die Eltern ihn wieder zu sich auf den Arm nehmen wollten.

Nachdem wir noch kurz unsere Erfahrungen ausgetauscht hatten, fuhren wir gemeinsam im Taxi zum DPW. Mit uns kamen fast zur gleichen Zeit an die zwanzig Familien an, die auch heute ihren Termin hatten. Es waren Familien aus aller Welt. Aus Finnland, England, Frankreich, Holland und Amerika. Uns alle verbanden unsere thailändischen Adoptivkinder. So kamen wir natürlich, während wir darauf warteten, aufgerufen zu werden, mit vielen Familien ins Gespräch.

Der Wartesaal war ein großer luftiger Raum. Unsere Kinder wurden durch viel Gesellschaft abgelenkt. Die Wartezeit verging schnell durch die entstandenen Gespräche. Wieder waren wir erstaunt, wie gut wir mit unserem Schulenglisch zurechtkamen.

Gegen 13.00 Uhr wurden wir aufgerufen. Wir wurden in einen großen Raum gebeten und nahmen auf für uns bereitgestellten Stühlen Platz. Um uns herum saßen die Mitarbeiter des DPW. Es waren fünfzehn Mitglieder, jeder von ihnen hatte ein Mikrofon vor sich. Zuerst fühlten wir uns wie bei einem Verhör, aber die Fragen, die uns gestellt wurden, waren durchaus wohlwollend. Sie bezogen sich auf unsere wirtschaftliche Situation, auf den normalen täglichen Familienablauf, man merkte, dass sich die Mitarbeiter ein Bild von der Adoptivfamilie machen wollten. Sie nahmen ihre Aufgabe ernst und wollten das beste für die ihnen anvertrauten Kinder. Das Gespräch hatte keinen Prüfungscharakter, und nach einer halben Stunde wurden wir mit viel Wohlwollen und guten Wünschen für unsere familiäre Zukunft und mit den für uns wertvollen Adoptionspapieren entlassen.

Damit war der bürokratische Teil des Adoptionsablaufes in Thailand beendet, und wir hatten alle wichtigen Dokumente, um mit Sirintra das Land verlassen und nach Deutschland einreisen zu können.

Erleichtert fuhren wir ins Hotel zurück. Den Rest des Tages verbrachten wir, wie schon gewohnt, im Park unseres Hotels. Siri bewegte sich nun schon sehr sicher im Hotel, an Nanas Hand fühlte sie sich geborgen. Inzwischen durfte auch ich sie ab und zu auf den Arm nehmen, wenn Nana müde wurde, sie zu tragen. Seit unserer Rundreise durch Bangkok hatte sich bei Siri ein „Knoten“ gelöst. Sie lachte voller Freude, wenn ihr etwas gefiel. Auch schäkerte sie voller Vergnügen. Sie konnte so verschmitzt gucken, dass wir alle lachen mussten. Siri wurde immer aufgeschlossener und fröhlicher. Nur ihren Papa guckte sie noch sehr skeptisch an. Vielleicht hatte sie Angst vor seinem Bart, oder Männer waren ihr nicht vertraut, wir wussten es nicht.

Es fiel meinem Mann schwer, dass Siri auf seine Annäherungsversuche so ablehnend reagierte. Aber auch er genoss es natürlich, Siri zu beobachten, wie sie stündlich lustiger und glücklicher und freier wurde.

Der Freitag kam und damit der Tag, an dem wir unsere Koffer für die Rückreise packten. Wir bemerkten, wie angespannt Siri unseren Aufbruch verfolgte.

Als wir ihre so geliebten Kleidchen in den Koffer zu Nadias Sachen packten, wurde sie ganz aufgeregt. Sie brachte freudig noch ihren Badeanzug. Wir spürten, sie hatte verstanden. Wir brechen auf, aber Siri kommt mit. Wieder verlief eine von uns als kritisch eingeschätzte Situation völlig friedlich. Wir erkannten deutlich, wie gut sie die Situation begriffen hatte, weit mehr, als wir ihr zugetraut hatten. Wir vergaßen oft, dass in diesem für uns noch babyhaft wirkenden Körperchen das Verständnis eines fast dreijährigen Kindes steckte. Siri hatte uns als ihre Familie angenommen, sie hatte keine Angst vor Veränderung, wenn wir nur bei ihr waren. Wie tröstlich für uns!

Bei unserem letzten Abendessen in Thailand fragten wir unsere nette Kellnerin, ob der Name Sirintra eine Bedeutung habe. „Ja," war die Antwort, „Sirintra heißt ‚wunderschöner Mond'." Gerührt guckten wir auf unsere Kleine. „Wunderschöner Mond" – dieser Name passte zu ihr.

Wir legten uns an diesem Abend früh hin, da wir uns schon um 2.00 Uhr nachts wieder wecken lassen mussten. Schnell schliefen wir ein, und mit dem pünktlichen Telefonanruf begann für uns die ersehnte Heimreise zu sechst.

Der Rückflug

Für den Rückflug wurde Siri zum ersten Mal in ihrem Leben warm angezogen. Die Klimaanlagen, sowohl in den Taxen wie im Flughafen, waren in Thailand sehr kühl eingestellt. Auch im Flugzeug konnte man einen Pullover sehr gut vertragen.

Wir entschieden uns, Siri zusätzlich für den Flug Pampers anzuziehen, da wir erstens nachts flogen und zweitens die Toilettensituation in den Flugzeugen durch den Hinflug kannten. Meistens waren diese besetzt und davor eine geduldig wartende Schlange. Siri hatte durch mangelnde Nahrungsaufnahme aber einen Durchfall bekommen, der lange Wartezeiten vor der Toilette nicht zuließ. So ausgestattet für alle Eventualitäten ging's zum Flughafen. Das Flugzeug startete pünktlich. Siri saß zwischen Peter und Nadia, davor saßen mein Mann, Bienchen und ich. Anfänglich ließ sich Siri durch das vom Flugpersonal ausgeteilte Spielzeug gut beschäftigen. Da unsere Kinder nachts aufgestanden waren, verliefen die ersten Stunden des Fluges sehr ruhig.

Nach anfänglichem Spiel und dem morgendlichen Frühstück an Bord schlief unser Quartett für einige Stunden friedlich. Doch nachdem ungefähr die halbe Flugzeit verstrichen war, wurde Siri unruhig. Ihr war langweilig, und sie fing an zu schreien. Es war das erste Mal, dass sie ihren Unmut durch Schreien zum Ausdruck brachte, und deshalb dachte ich zuerst auch, Siri hätte Schmerzen, oder etwas anderes würde sie stören. Aber als ich Siri auf den Arm nahm, war sie sofort ruhig. Ihr kleines Fingerchen zeigte energisch auf den engen Gang zwischen den Sitzen. Ich sollte sie im Flugzeug hin- und hertragen. Das machte ich dann auch, und wehe, ich hielt nur kurz an, sofort begann Siri wieder zu schreien, und ich musste meinen Gang mit ihr wieder fortsetzen.

So vergingen die letzten Stunden im Flugzeug etwas mühselig.

Endlich sollten wir uns zur Landung anschnallen. Da zeigte Siri uns nochmals, was für ein Temperament und Willen in ihr steckten. Sie wollte sich nicht anschnallen lassen und schrie und schrie. Keiner konnte Siri ablenken, so sehr wehrte sie sich gegen den Gurt. Schließlich bestand ich darauf, dass unsere Kleine unangeschnallt auf meinem Schoß sitzen durfte. Ich hatte Angst, dass sie sich mit dem Gurt strangulieren würde, so sehr versuchte sie, immer wieder dadurch zu rutschen. Wer weiß, was im Heim geschehen war, dass sie solche Angst davor hatte, festgebunden zu sein. Diese Art zu weinen und sich zu wehren hatte nichts mit Trotz zu tun, ich hatte das Gefühl, Siri kämpft ums Überleben.

Als ich ihre Abwehr sah und wie sie sich durchsetzte, dachte ich, dass dieser Wille ihr wahrscheinlich die Kraft gegeben hatte, im Heim ihre Persönlichkeit zu bewahren. Siri hatte nicht resigniert, sie war und ist bis heute eine Kämpfernatur.

Endlich setzten wir zur Landung an, ein verweintes Püppchen betrat erstmals den zukünftigen Heimatboden.

Von Frankfurt ging's mit dem Zug nach Duisburg, wo unsere Freunde uns abholen wollten. Im Zug fiel uns dann zum ersten Mal auf, wie Siri in den folgenden Wochen ihrem Vater begegnen sollte. Im Abteil saß mein Mann Sirintra gegenüber. Siri saß auf meinem Schoß und hatte die Augen geschlossen. Wir dachten, dass der Flug sie völlig ermüdet hätte und sie nun schlafen würde. Dem war nicht so. Als mein Mann aus dem Abteil ging, um für uns etwas zu trinken zu holen, sprang Siri zu meinem Erstaunen putzmunter von meinem Schoß und begann, fröhlich das Abteil zu erkunden.

Kaum erschien mein Mann wieder mit den Getränken, setzte sich Siri auf meinen Schoß und stellte sich schlafend.

„Papa," sagte Nadia, „ich glaube, Sirintra will dich nicht sehen, aber sie war noch ganz munter. Kaum erscheinst du, da ist wie wieder müde. Geh doch noch mal raus, dann können wir Siris Reaktion testen." So verließ mein Mann erneut das Abteil, und tatsächlich, Siri sprang von meinem Schoß und fing sofort an, fröhlich zu spielen.

Mit Papas Erscheinen kletterte sie wieder auf meinen Schoß und stellte sich schlafend.

Mein Mann war ganz verzweifelt. Siri zeigte deutlichere Abwehrreaktionen ihm gegenüber, als sie es in Thailand getan hatte. Auch dort hatte sie nicht auf ihren Vater reagiert, aber die Augen geschlossen, um ihn nicht zu sehen, hatte sie dort nicht.

„Wie soll ich ihr zeigen, wie lieb ich sie habe, wenn sie mich nicht einmal sehen will?" meinte mein Mann traurig. „Siri wird sich schon an dich gewöhnen, Papa. Du wirst sehen, dann wird sie dich genau so lieben wie wir dich. Du bist doch der beste Papa der Welt, das wird Siri auch bald merken." tröstete Peter seinen deprimierten Vater.

Die Fahrt verlief ruhig, und am Bahnhof in Duisburg wurden wir strahlend von unseren Freunden Heike, Heinz und Tochter Julia, meinem Patenkind, begrüßt. Siri guckte die ihr fremden Gesichter kurz an, dann kuschelte sie sich an mich und würdigte unsere Freunde keines weiteren Blickes.

So fuhren wir nach Hause. Auch dort wurden wir schon erwartet. Oma Mertins und der Bruder meines Mannes, Eckhard, begrüßten uns und gratulierten uns zu unserem vierten Kind.

Siri war auf der Rückfahrt fest eingeschlafen und verschlief die Ankunft. Wir hatten gelesen, dass man auf jeden Fall ein älteres Adoptivkind aufwecken sollte, bevor man mit ihm in das neue Heim kommt. Aus psychologischer Sicht wäre es günstiger, wenn das Kind diesen wichtigen Schritt bewusst erleben würde. Aufwachen in einer fremden Umgebung könnte das Kind erschrecken. Dennoch entschlossen wir uns, Siri nicht zu wecken. Die fünfzehn Stunden Heimreise waren für Siri wirklich anstrengend genug gewesen. Was hätte ein übermüdetes Kind denn von einer fremden Umgebung?

Wir wollten sie ausschlafen lassen und legten sie auf das Sofa im Wohnzimmer. So konnten wir sie beobachten, und wenn sie erwachte, in die Arme nehmen und ihr alles zeigen.

Unser schlafendes Nesthäkchen wurde von Oma und Onkel sofort ins Herz geschlossen. Nun mussten wir alles ausführlich berichten. Kurz nach unserer Ankunft klingelte auch gleich das Telefon. Meine Eltern riefen aus ihrem Urlaub in Bad Reichenhall an, um zu erfahren, ob wir wieder gesund zu Hause sein würden. Man merkte schon am Telefon, wie gespannt sie auf ihr neues Enkelkind waren.

Siri erwachte erst wieder am Nachmittag. Bienchen übernahm die erste Führung durch das Haus. Sirintra war sehr neugierig und lief begeistert von Zimmer zu Zimmer.

Vor unserer Abreise nach Thailand hatten wir in Bienchens Zimmer ein kleines Babybett gestellt. Dort sollte Siri zuerst schlafen. Einen kleinen Schrank für Siris Sachen hatten wir ebenfalls gekauft. Obwohl wir in unserem großen Haus noch ein viertes Zimmer besaßen, wollten wir dieses erst später einrichten. Nabee hatte wie alle unsere Kinder ein sehr großes Zimmer, so dass Siris Bett und Schrank noch sehr gut Platz fanden. Ein Zimmer für Sirintra alleine stellten wir uns am Anfang zu schwierig für sie vor. Sirintra ist nur in einer Gruppe betreut gewesen, sie war gewöhnt, mit vielen Kindern zu spielen und zu schlafen. Wir dachten, es wäre leichter für sie, wenn sie mit Bienchen in den ersten Monaten das Zimmer teilte.

Bienchen freute sich darauf, mit Siri zusammen zu sein. Sie empfand es als Privileg, als einzige mit Siri das Zimmer teilen zu dürfen.

Während des Rundgangs durch das ganze Haus war Sirintra am meisten von den Kinderzimmern beeindruckt. Begeistert nahm sie von allen Spielen und Spielzeugen Besitz. Hier merkten wir nun, wie groß und verständnisvoll doch Nadia, Peter und Bienchen waren. Keiner war eifersüchtig, alle freuten sich, dass Sirintra sich zu Hause wohl zu fühlen begann.

Ganz freudig reagierte Siri, als ich kurz darauf die Koffer entleerte und Sirintras Anziehsachen in den kleinen Schrank räumte. Immer wieder machte sie strahlend die Schranktür auf, um ihre Schätze zu bewundern. Zum ersten Mal in ihrem Leben hatte sie Eigentum. Darauf war sie sehr stolz. Sofort legte sie auch die Spielsachen, die sie von uns geschenkt bekommen hatte, hinein.

Am Abend brachten wir Siri zum Schlafen in das Gitterbettchen. Wir dachten, dass sie sich dort gleich wohlfühlen würde, war sie doch solch ein Bettchen von Thailand gewohnt. Obwohl sich Bienchen mit ihr im Zimmer befand, fing Siri aber jämmerlich an zu weinen und streckte mir die Ärmchen entgegen. Kurzentschlossen nahm ich Sirintra zu uns ins Schlafzimmer und legte mich zu ihr, und Bienchen legte sich auf die andere Seite. Sofort fühlte sich Siri geborgen und hörte auf zu weinen. Wir sangen ihr ein Gute-Nacht-Lied und hielten ihr das Händchen, und unsere Kleine schlief friedlich ein.

Lange behielt Sirintra dieses Einschlafmuster bei. Erst, wenn sie schlief, schlich ich mich aus dem Schlafzimmer.

Der nächste Tag war ein Montag. Die Herbstferien der Kinder waren beendet. Und der Schulalltag begann. Auch mein Mann musste wieder zur Praxis. Wie würde Sirintra auf diese neue Situation reagieren? Nana war noch ihre Hauptbezugsperson, Peter und Biene brachten sie immer mit lustigen Spielen zum Lachen, wenn Siri traurig erschien. Wie würde sie damit zurechtkommen, dass der größte Teil der Familie für Stunden abwesend sein würde?

Sirintra erwachte wie immer mit uns. Sie bemerkte gleich die große Unruhe dieses Morgens. Dem Frühstück fehlte die gewohnte Ruhe. Alle waren schon in Aufbruchstimmung, da kletterte Siri schnell auf Nanas Schoß. „Was mach ich nur, wenn Siri anfängt, mir nachzuweinen, ich kann sie doch nicht weinen lassen, sie wird von mir ganz enttäuscht sein, wenn ich sie verlasse," überlegte verzweifelt unsere Nadia. „Am liebsten würde ich gar nicht zur Schule gehen." – „Ich bleibe dann auch zu Haus." sagte unser etwas schulfauler Sohn. „Aber ich geh zur Schule," entgegnete Biene, „ich muss doch meiner Lehrerin und meinen Freunden alles erzählen!" – „Sirintra muss sich noch an den normalen Tagesablauf gewöhnen," erklärte ich unseren Kindern, „es wird ihr am Anfang schwer fallen, euch gehen zu lassen, aber sie wird lernen, dass ihr immer wiederkommt."

Als dann aber Nadia, Peter, Nabee und mein Mann, versehen mit den üblichen Wünschen und Küssen, wegfuhren, fing Sirintra an, bitterlich zu weinen. „Mae, Mae," schrie sie, als Nadia mit dem Auto davonfuhr. Sie wollte sofort hinterherlaufen. Ich schnappte mein Kleinchen, um sie ins Haus zurückzutragen. Immer wieder versicherte ich ihr, dass sie bald wieder alle da wären, aber wie sollte Sirintra es auch verstehen? Sie lief zur Tür und wollte hinaus.

Schließlich verschloss ich die Eingangstür, da ich Angst hatte, Siri könnte auf die Straße laufen und sich gefährden.

Als sie bemerkte, dass sie die Tür nicht mehr öffnen konnte, schmiss sie sich verzweifelt dagegen und strampelte und schrie. Ich versuchte, sie auf den Arm zu nehmen und zu beruhigen. Aber voller Empörung schlug sie auf mich ein. Sirintra nahm es mir sichtlich übel, dass ich Nadia habe gehen lassen. Vielleicht gab sie mir auch die Schuld. Auf jeden Fall wollte sie sich nicht von mir trösten lassen.

Die Schreie wurden immer schlimmer, Siri lag auf dem Boden und schlug mit den Armen und Beinen um sich. Zum Schluss machte sie noch Pipi in die Hose. Damit war der erste große Schreianfall beendet.

Jetzt durfte ich meine Kleine wieder, ohne von ihr geschlagen zu werden, auf den Arm nehmen. Ich zog Siri trockene Höschen an und entschloss mich, obwohl Sirintra, wenn sie musste, auf die Toilette ging, ihr eine Pampers anzulegen. Wer weiß, wie viele Weinanfälle sie noch bekommen würde, so viel Kleidung hatten wir noch nicht für Siri.

Nachdem sie ihre Verzweiflung herausgeweint hatte, war Siri mir gegenüber sehr reserviert. Ich spürte deutlich, dass sie mir an Nadias Abwesenheit die Schuld gab. Um Siri abzulenken, und da ich auch noch recht viel Kleidung für Siri benötigte, fuhr ich mit ihr in die Stadt, um sie einzukleiden. Einen größeren Gefallen hätte ich ihr nicht tun können. Sirintra war von dem Kindergeschäft begeistert. Stolz ließ sie sich alles anziehen und freute sich, als ich ihr ihre Lieblingsstücke kaufte. Da ihr das Einkaufen so viel Spaß machte, gingen wir auch noch ins Schuhgeschäft. Auch hier wurde das Einkaufen zur wahren Freude, so sehr strahlte Siri, so stolz war sie auf die neuen Schühchen.

So verlief der so turbulent begonnene Vormittag doch noch erfreulich für unsere Kleine, und gegen Mittag konnte Siri ihre heißgeliebten Geschwister wieder in Empfang nehmen.

Man kann das glückliche Gesichtchen von Siri gar nicht beschreiben, so strahlte sie ihre „Mae“ an, als sie wieder nach Hause kam.

Auch Peter und Bienchen wurden freudig begrüßt. Alle mussten sofort Sirintras neue Sachen bewundern. Nur der arme Papa wurde am Abend nicht so freudestrahlend begrüßt. Als mein Mann von der Praxis nach Hause kam, liefen ihm unsere Kinder und ich wie immer entgegen. Jeder wollte Papa seine Erlebnisse schildern. In den gewohnten abendlichen Tumult hinein fragte mein Mann: „Wo ist unsere Kleine?“ – Ja, wo war denn Sirintra? Wir guckten uns um. Sirintra hatte sich auf das Sofa gelegt und stellte sich schlafend.

Schnell gewöhnte sich Siri daran, dass wir am Morgen alleine waren. Unsere Beziehung wurde dadurch sehr viel intensiver, und nachdem einige Tage vergangen waren, wurde auch ich mit dem Namen „Mae“ belohnt. Was freute ich mich, als Siri das erste Mal „Mae“ zu mir sagte! Nun hatte Siri zwei Mütter. Ich wurde für Sirintra ein adäquater Ersatz für Nadia, wenn sie nicht da war. War Nadia allerdings zu Hause, dann war sie die Nummer Eins, und das ist zu Nadias Freude bis heute so geblieben.

Inzwischen waren meine Eltern aus dem Urlaub zurückgekehrt. Wie freuten sie sich darauf, Sirintra kennen zu lernen. Zu unserem Erstaunen flirtete Sirintra, auf Nadias sicherem Arm, sofort mit ihrem neuen Opa. Wieso sie Opa auf Anhieb mochte und ihrem Vater gegenüber so abweisend war, verstanden wir nicht. Sollte der Bart, den mein Mann trug, sie so abschrecken?

Mit unserer Ankunft zu Hause änderte sich auch Sirintras Essverhalten. Nachdem sie in Thailand Essen völlig abgelehnt hatte, verweigerte sie zu Hause die Mahlzeiten nicht. Sirintra wurde zwar nicht das, was man als einen „guten Esser“ bezeichnet, aber sie nahm regelmäßige Mahlzeiten zu sich.

Zu Hause angekommen, begann sie auch, den ganzen Tag zu plappern. Meistens verstanden wir sie, da sie sehr gestenreich zeigen konnte, was sie wollte. Wenn wir sie aber missverstanden, schmiss sie sich schreiend auf den Boden.

Sirintra wurde von Tag zu Tag aufgeschlossener und fröhlicher. Sie entwickelte einen Charme, mit dem sie jeden bezauberte.

Nach anfänglicher körperlicher Zurückhaltung liebte sie es nun, mit uns zu schmusen. Was genossen wir diese Schmusestunden mit Siri, es schien, als wolle sie alle versäumte körperliche Nähe nachholen.

Das für uns so Beglückende war, dass Siri deutlich zeigte, wohin sie gehörte. Nie nahm sie Kontakt auf zu Fremden. Nähe und Zärtlichkeit holte sie sich nur von ihrer Familie. Gäste konnten noch so entzückt von Sirintra sein, Siri beachtete sie kaum. Sie zeigte eine ausgesprochen starke Bindung an uns.

Gegen alle unsere Erwartungen litt Siri trotz des langen Heimaufenthaltes nicht an Bindungsschwäche. Beglückt verfolgten wir diese positive Entwicklung!

Der dritte Geburtstag

Drei Tage nach unserer Ankunft hatte Sirintra Geburtstag.

Wir waren gespannt, wie sie auf dieses Ereignis reagieren würde. Am Morgen bekam Sirintra ihr Geburtstagsständchen gesungen, dann führten wir unsere Kleine an den liebevoll gedeckten Geburtstagstisch. Strahlend öffnete Siri ein Päckchen nach dem anderen. Es war rührend, ihre Freude zu beobachten.

Am Nachmittag hatten wir Freunde und Bekannte zum Kaffeetrinken eingeladen. Wir nahmen ihren Geburtstag zum Anlass, unsere Kleine vorzustellen.

Obwohl wir dachten, dass Sirintra durch die vielen Menschen beunruhigt sein könnte, riskierten wir es. Wieder wurden wir angenehm überrascht. Sirintra fühlte sich wohl in ihrer Rolle als Hauptperson.

Schnell merkte sie, dass dieser Tag ein ganz besonderer Tag war. Stolz nahm sie von jedem Gast ihr Geschenk entgegen. An der Kaffeetafel saß sie strahlend, und alle Gäste waren erstaunt, wie wohl Sirintra sich schon in ihrer neuen Familie fühlte.

Als die Besucher am Abend nach Hause fuhren, winkte Sirintra ihnen fröhlich nach. Alle ihre Geschenke nahm sie dann mit nach oben und versteckte sie in ihrem Schrank. Sie wirkte wie ein kleiner Hamster, der Vorräte anlegte. Siri wollte auch nicht, dass wir ihr beim Tragen behilflich waren. Sie hatte wohl Angst, dass eines ihrer kostbaren Geschenke dann verschwinden könnte. Dieses Verhalten verstärkte sich dann noch in den nächsten Wochen. Alles, was Siri schön fand, fing sie an zu verstecken. Zu unserem Glück versteckte sie das meiste in ihrem Schrank. So fanden wir dort fast alles wieder, was wir suchten. Als wir ihr wunderschöne Lackschuhe kauften, waren auch diese tags darauf verschwunden. In ihrem Schrank waren sie dieses Mal nicht. Wir suchten und suchten, aber die Schuhe blieben verschwunden. Wochen später fand Oma sie durch Zufall wieder. Siri hatte sie in eine Plastiktüte gesteckt und im hintersten Winkel des Küchenschrankes verwahrt. Aber die Schuhe passten jetzt nicht mehr. Denn Sirintra wuchs in den ersten Wochen und Monaten überproportional. Als wir sie bekamen, war sie achtzig Zentimeter groß, hatte Schuhgröße einundzwanzig und war acht Kilogramm schwer. Sie wirkte wie ein eineinhalbjähriges Kind.

Schon vier Wochen nach ihrer Ankunft musste sie neue Schuhe bekommen. Kurz darauf neue Höschen und Kleidchen.

Siri war so schnell aus der ersten Kleidung herausgewachsen. Wir hatten das Gefühl, man könne ihr beim Wachsen zusehen. So wurden wir Dauerkunden in den Kinderfachgeschäften, und neue Kleidung wurde zu Siris Vergnügen ständig gekauft. Sirintra war so stolz auf ihre Anziehsachen, dass wir sie immer wieder vor ihrem Kleiderschrank fanden. Dort stand unsere Kleine und zog ein Kleidungsstück über das andere. Zum Schluss sah sie aus wie eine kleine runde Raupe und konnte sich vor Kleidermassen kaum bewegen, aber sie strahlte über das ganze Gesicht. „Alles Sisi“ wurden ihre wichtigsten deutschen Wörter.

Ansonsten hielt sie sich mit der deutschen Sprache zurück. An ihrem Verhalten merkten wir deutlich, wie schnell sie uns zu verstehen lernte. Aber lange weigerte sich Siri, deutsche Wörter nachzusprechen. Sie wollte, dass wir ihre Sprache lernten. Wenn ich ihr beispielsweise einen Löffel gab und sagte: „Das ist ein Löffel, sag mal ‚Löffel‘, Siri.“

Dann schüttelte sie ihr süßes Köpfchen und sagte: „Tonn“, das thailändische Wort für Löffel. Wenn ich dann „Tonn“ wiederholte, strahlte sie mich an. Mir kam es so vor, als wolle sie sagen: „Endlich hast du mich verstanden, endlich sprichst du richtig!“

Es war zu lustig, wie Sirintra an ihrer Sprache festhielt. Auch hier zeigte sich wieder einmal Sirintras starke Persönlichkeit. Sie wusste und weiß bis heute, was sie will, und sie versucht, ihre Ziele auch durchzusetzen. Beim Sprachproblem stieß sie aber auch an unsere Grenzen. Wohl konnten wir zu ihrer Freude einige Wörter ihrer Sprache lernen, damit erschöpfte sich aber unsere Fähigkeit. So gab Siri nach einigen Wochen ihren Widerstand gegen die neue Sprache auf und lernte immer mehr dazu.

Als erstes lernte sie unsere Namen. Wir wurden Mama, Papa, Nana, Peter und Bienchen für sie. Das für uns so liebgewordene „Mae“ verschwand aus ihrem Sprachgebrauch. Sirintra erlernte die Sprache völlig anders, als wir es von unseren drei Kindern gewohnt waren. Da sie schon drei Jahre alt war, erfasste sie die neue Sprache auch mit der Intelligenz einer Dreijährigen. Siri lernte Deutsch nicht wortweise, sondern satzweise.

Zwei Monate nach Sirintras Ankunft sendete das Fernsehen einen Bericht über Thailand. Das berühmte Hotel „Oriental“ wurde vorgestellt. Zuerst verfolgte Siri den Bericht interessiert. Als eine Hotelangestellte dann aber auf Thailändisch die ankommenden Gäste begrüßte, sprang Siri voller Angst auf meinen Schoß und vergrub ihr Gesichtchen. Wir vermuten, dass Siri verstanden hatte, was die Hostess gesagt hatte. Vielleicht hieß sie die Gäste in Thailand willkommen. Sirintra hatte wohl plötzlich Angst, sie würde wieder abgeholt. Schnell machten wir den Fernseher aus, um Siri wieder in die Realität zu holen.

Sirintra kam, wie wir dachten, zu einer für sie schlechten Jahreszeit nach Deutschland. Wir hatten Sorgen, sie würde ständig erkältet sein, da sie ja bisher nur Wärme gewohnt war.

Aber Siri war sehr widerstandsfähig. Sie wurde nicht krank. Wohl hatten wir anfänglich mit einem anderen Problem zu kämpfen. Ihre Haut war nur leichte Kleidung gewohnt, und sie reagierte auf die ungewohnte Kleidung, indem sie sehr trocken und rissig wurde. Erschreckend deutlich wurde es uns am Sankt-Martins-Abend. Wir zogen uns an diesem Abend alle warm an. Es war sehr frostig, und deshalb banden wir Sirintra auch zum ersten Mal einen warmen Wollschal um. Frohgemut machten wir uns auf den Weg zur Grundschule. Dort startete der Martinszug. Nabee, damals in der ersten Klasse, ging stolz mit der selbstgebastelten Schullaterne in ihren Klassenverband mit. Wir folgten dem Zug. Siri war sichtlich fasziniert. Fest hielt sie ihre Laterne und lief fröhlich dem Zug hinterher.

Als sie müde wurde, setzte ich sie auf meine Schultern, und begeistert zeigte sie auf alle Kinder.

Wir kamen an ein Feld, an dem das Martinsfeuer entzündet wurde. Siri verfolgte das Schauspiel wieder sehr interessiert.

Plötzlich aber wurde Sirintra ganz unruhig, sie schmiss die Laterne weg und wollte sich ausziehen, und das bei dieser Kälte! „Nein, Siri!“ rief ich und zog ganz energisch den Mantel wieder an. Sirintra wehrte sich und schrie. Sie warf den Schal weg und versuchte wieder, sich zu entkleiden. Ich band ihr daraufhin de Schal fester um und verknotete ihn hinten, in der Hoffnung, dass sie ihn dann nicht mehr abbinden würde. Sirintra war nicht mehr zu beruhigen. Sie versuchte verzweifelt, die Kleidung zu entfernen. Wir redeten liebevoll auf Siri ein, aber sie wehrte uns ab. Sie wollten nur eins: sich in dieser Kälte ausziehen!

So nahm ich sie auf den Arm, und, so schnell wir konnten, rannten wir mit unserem schreienden Kind nach Hause. Was war nur mit Siri los? So hatten wir sie noch nie erlebt. War der Martinszug für sie zu aufregend gewesen? Hatten wir sie damit überfordert? Vielleicht hatte sie auch panische Angst vor dem Feuer.

Viele Fragen gingen uns durch den Kopf. Das Rätsel löste sich, als wir völlig außer Atem zu Hause angekommen waren. Als wir Siri ausgezogen hatten, hörte sie sofort zu weinen auf. Sie wurde sogar wieder ganz fröhlich und wollte weiter mit ihrer Laterne durch die Wohnung laufen. Was war der Auslöser für ihre Verzweiflung? Mir fiel plötzlich auf, wie rot ihr Hälschen war. Der Schal hatte ihre zarte Haut, die keinen Stoff gewohnt war, wundgescheuert. Deshalb wollte sie sich so vehement ausziehen. Daher hatte sie sich in berechtigter Weise gegen den Schal gewehrt. Ich hatte sie nicht verstanden, und aus Angst vor Erkältung ihr immer wieder den Schal aufgezwungen. Kein Wunder, dass sie so wütend auf mich gewesen war, unser armer kleiner Schatz!

Schnell cremten wir Sirintras Hälschen mit Salbe ein. Wieder einmal merkten wir, wie sehr doch die Sprache fehlen kann. Sirintras Haut gewöhnte sich nach einigen Wochen an die ungewohnte Kleidung und wurde mit Hilfe von viel Pflege wieder weich und samtig.

Positive Entwicklung

Langsam veränderte sich aus Sirintras Haltung ihrem Vater gegenüber.

Wie berichtet ignorierte Siri ihren Vater anfangs völlig. So schwer es auch meinem Mann fiel, er akzeptierte ihre Haltung, genoss aus unseren Erzählungen ihre Entwicklung und hoffte, bald aus seiner passiven Rolle erlöst zu werden.

Veränderungen in ihrem Verhalten zeigten sich nach einiger Zeit schleichend. Siri liebte es, sich Bilder von uns anzugucken. Am liebsten hatte sie allerdings das Album, das auch sie schon zeigte. Ihre ersten Bilder waren dort liebevoll eingeklebt, wir hatten einige Aufnahmen vom Kinderheim und dem Hotel in Thailand. Dazu erzählte ich ihr immer, wie unsere erste Begegnung war. „Da Sisi," sagte sie immer wieder, „da Mama, da Peter, da Nana, da Biene." Sie freute sich immer riesig und klatschte in die Händchen. Ihren Vater erwähnte sie auf den Bildern nicht, aber nach und nach zeigte sie auch auf ihren Vater und sagte freudig: „Da Papa!"

Etwas später fing Siri an, die Bilder von Papa zu streicheln. Die freudige Mitteilung machte ich am Abend meinem Mann. „Jetzt dauert es bestimmt nicht mehr lange, bis Sirintra dich beachtet. Sie streichelt schon deine Bilder." Mein Mann lachte. „Wenn das kein Fortschritt ist!"

Tatsächlich, eines Abends verzichtete sie darauf, ihre Augen zu schließen. Einige Tage später lief sie zu ihrem Papa und streckte ihm die Arme entgegen. Eine große Liebe begann...

Papa wurde für Sirintra der wichtigste Beschützer. Wenn sie nun vor etwas Angst hatte, lief sie schnell zu ihrem Vater. „Papa ist der Stärkste, mein Papa kann alles!“ Mit dieser positiven Auszeichnung wurde er nun beglückt.

Sirintra hat sich nach anfänglicher Zurückhaltung so sehr mit der Vaterrolle auseinandergesetzt, dass sie bis heute beim Mutter-Kind-Spiel die Vaterrolle besetzt.

Weihnachten

Unser erstes Weihnachten mit Sirintra wurde ein Genuss.

Was hatten wir im Jahr zuvor getrauert, dass Sirintra nicht bei uns sein konnte. Nun genossen wir die Weihnachtszeit in vollen Zügen.

Für Sirintra war alles neu, und daher bekamen alle Vorbereitungen für uns einen besonderen Reiz. Was machte es für ein Vergnügen, mit ihr zu basteln, die Wohnung zu schmücken und Plätzchen zu backen. In diese schöne Zeit fiel auch die Ballettaufführung unserer Biene. Zur Weihnachtszeit machte die Ballettschule die schon traditionelle Weihnachtsaufführung. Siri bewunderte Bienchen auf der Bühne als tanzenden kleinen Zwerg. Als Höhepunkt spielte Bienchen das Ballettmotiv, als kleiner Zwerg verkleidet, auf ihrer Geige. Was waren wir stolz auf unsere Biene.

Kurz drauf folgten Weihnachtskonzerte von Nadia und Biene. Beide spielten und spielen bis heute wunderschön Geige. Peter begleitete sie in diesem Jahr erstmals auf dem Cello. Auch er zeigte sich erstaunlich geschickt auf dem Instrument. Sirintra konnte stundenlang zuhören, und ihr wurde wohl schon dabei klar, was sie immer wieder wie folgt formulierte: „Sisi auch Geige!“

Zu Hause schnappte sie sich dann die erste Geige von Bienchen und kratzte begeistert darauf herum. Auch das Ballett faszinierte Siri so, dass sie uns oft bat: „Sisi auch tanzen!“

Aber noch wollten wir Sirintra nicht mit so vielen Reizen überfluten. Sollte ihr Wunsch noch im nächsten Jahr vorhanden sein, wollten wir sie, wie zuvor auch Bienchen, im Alter von vier Jahren zur Ballettschule geben. Auch mit Geigenunterricht hatten wir in diesem Alter durch Biene positive Erfahrungen.

Inzwischen war Sirintras Sprachverständnis so weit entwickelt, dass sie alles verstehen konnte.

Sirintra erzählte selbst viel, und mehr und mehr wurden auch deutsche Sätze von ihr benutzt. Wir konnten sie sehr gut verstehen. Außenstehende allerdings taten sich etwas schwer, da Sirintras Sprache noch den thailändischen Klang hatte und die Wörter oft sehr verwaschen wirkten. Das besserte sich allerdings von Monat zu Monat.

Kurz vor Weihnachten hatten wir auch den ersten Termin beim Augenarzt. Früher wollten wir Siri nicht durch einen Arztbesuch belasten. Wir dachten auch, dass sie nicht verstehen könnte, was man von ihr verlangen würde. Aber auch hier zeigte sich unsere Sorge als unbegründet. Man merkte an ihrer Reaktion deutlich, dass ihr Besuche beim Augenarzt nicht fremd waren. Sie war offensichtlich in Thailand schon öfter untersucht worden. Sie zeigte keine Angst und arbeitete bei der Untersuchung sehr gut mit.

Leider bestätigte die Untersuchung unsere Vermutung. Sirintra ist auf dem linken Auge blind! Es handelt sich um eine angeborene Missbildung des Auges. Sie hatte also nie auf dem Auge gesehen. Das rechte Auge ist zu Sirintras Glück völlig gesund. Hoffentlich passiert Sirintra nie etwas mit dem gesunden Auge. Das wird immer unsere größte Sorge sein.
Bedingt durch das einäugige Sehen kann Sirintra nicht räumlich sehen. Da sie es nie anders gewohnt war, hatte sie sich natürlich gut daran gewöhnt. Doch passierten ihr nach ihrer Ankunft zu Hause zwei Unfälle, die auf die man-

gelnde Rundumsicht zurückzuführen sind und unsere Sorgen natürlich noch vergrößert haben.

Der erste Unfall ereignete sich sechs Monate nach ihrer Ankunft auf dem Spielplatz. Siri wollte wie immer als erste auf ein Klettergerüst. Zu diesem Gerüst führte eine Hängebrücke, die ein Seil als Handlauf hatte. Sirintra rannte sich festhaltend über die Brücke, und ohne ersichtlichen Grund fiel sie plötzlich seitlich heraus. Ich sah sie stürzen und rannte los. Siri fiel so unglücklich, dass sie mit dem Kopf aufkam. Gott sei Dank fing sie gleich darauf an zu weinen, und meine schlimmste Befürchtung, Siri könnte sich das Genick gebrochen haben, war ausgestanden. Der Sturz sah so schrecklich aus!

Am ganzen Körper zitternd hob ich unsere Kleine auf. Der Boden war durch vorangegangene Regenschauer aufgeweicht, und Siri war mit dem Schrecken davongekommen. Ich tröstete unsere Süße und wollte sie am liebsten nicht mehr aus den Armen lassen.

Wie immer war ich mit allen Kindern auf dem Spielplatz gewesen. Erschrocken hatten Nadia, Peter und Biene Siris Fall miterlebt. Erst jetzt bemerkte ich, wie blass und entsetzt die Kinder aussahen. „Wie konnte das passieren, Mama?" rief Bienchen. „Ich habe gedacht, meine süße Siri wäre tot, als ich sie so komisch auf dem Boden hab liegen sehen. Ihr Körper lag so verrenkt, als hätte sie sich den Hals gebrochen," flüsterte mir Nana mit tränenerstickter Stimme zu. Ich nahm sie alle in meine Arme, wir waren einen Augenblick ganz stumm. „Mama, ich weiß, warum Siri gefallen ist," rief Peter kurz darauf von der Brücke. „Sie hat sich auf der Seite, auf der sie blind ist, am Seil festgehalten, wahrscheinlich hat sie deshalb nicht gesehen, wohin sie tritt. Das wird es wohl gewesen sein."

Nur vierzehn Tage später ereignete sich Siris zweiter Unfall. Dieses Mal passierte es im häuslichen Bereich. Es war Samstag Vormittag, wir machten uns einen gemütlichen Morgen. Der Postbote brachte die Post, wie immer flitzte unser Hund zum Briefschlitz, um die Briefe wie eine Beute herauszuziehen. Gleichzeitig rannten von allen Seiten unsere Kinder ebenfalls nach vorne. Mein Mann und ich saßen noch am Frühstückstisch. Plötzlich hörten wir einen dumpfen Knall. Dies Geräusch werde ich wohl mein Leben lang nicht vergessen. Wir rannten in den Flur und sahen Siri regungslos auf dem Steinboden liegen. In dem Moment, in dem ich sie aufhob, fing sie an zu weinen. Wir trugen sie auf die Wohnzimmercouch, wir streichelten sie und trösteten sie. Sie schrie immer wieder: „Aua, mein Kopf!" Mein Mann untersuchte sie. Über dem rechten Ohr entstand ein riesiger Bluterguss. Trotz sofortiger Kühlung schwoll er fast auf Tennisballgröße an. Während wir unsere Kleine im Arm hielten und sie beruhigten, versuchten wir uns den Unglücksfall zu erklären. Siri hatte, wie so oft, oben ihre Hausschuhe ausgezogen. Sie trug zur Zeit des Sturzes einen Schlafanzug mit Füßen. Als sie so schnell die Treppe herunter wollte, muss sie ausgerutscht sein, oder sie hatte fehlgetreten, da ihr das räumliche Sehen fehlt. Wir konnten es nur vermuten. Dann war sie so unglücklich gefallen, dass sie seitlich durch die Absperrung der Treppe rutschte und dann ungebremst auf den Steinboden fiel.

Wir saßen erschüttert um unsere Kleine herum und hatten Angst um Siri. Sie wirkte plötzlich so verändert. Selbst nachdem wir sie beruhigt hatten, blieb sie ruhig liegen und sagte nur: „Aua Kopf!" Dieses quicklebendige, temperamentvolle Kind so still daliegen zu sehen, war beängstigend. „Das ist bestimmt nur der Schock," beruhigte mich mein Mann, „lass sie jetzt ruhig liegen. Wir beobachten sie, wenn sie sich verändert, müssen wir ins Krankenhaus mit ihr fahren. Aber zum jetzigen Zeitpunkt würde man sie auch dort nur beobachten." So blieben wir bei unserer Kleinen sitzen und lasen ihr Geschichten vor, die sie liebte.

Eine Stunde später jedoch trübte Sirintra sichtlich ein und fing an, die Augen zu verdrehen. Voller Panik fuhren wir mit ihr in das nahegelegene Neurologische Krankenhaus.

Zurück ließen wir drei äußerst verängstigte Kinder, die Oma und Opa anrufen sollten, damit die Großeltern kämen.

Auf der Fahrt in die Klinik hatte ich das fürchterliche Gefühl, Sirintra zu verlieren. Ich malte mir das Schrecklichste aus. Was, ist, wenn sie eintrübt, weil sie eine Blutung im Gehirn hat? Ich sah unser Kind im Koma liegen. Mein Mann schwieg die ganze Zeit. Auch er hatte große Angst. Im Krankenhaus angekommen, fing Sirintra an, eigenartig zu atmen. „Ihr wird wohl schlecht sein," meinte mein Mann. Tatsächlich ergoss sich über mich ein warmer Schwall Erbrochenes. Siri begann zu weinen. Gerne hörte ich dieses Weinen, war doch ihr langes Schweigen auf der Fahrt so unheimlich gewesen. Sirintra wirkte zu unserer Freude, nachdem sie erbrochen hatte, nicht mehr ganz so apathisch. Ihr Gesichtchen bekam langsam wieder Farbe.

Der herbeigerufene Neurologe untersuchte Siri und stellte keine neurologischen Ausfälle fest. Da mein Mann Arzt ist, durften wir Siri wieder mit nach Hause nehmen, um sie dort zu beobachten. Wir wollten sie nicht im Krankenhaus lassen, wenn es nicht unbedingt nötig war. Sirintra wurde während der Untersuchung wieder etwas munterer. Auf der Rückfahrt schlief sie dann erneut ein.

Zu Hause angekommen, konnten wir erst mal Entwarnung geben. Was war unsere Familie erleichtert! Oma und Opa blieben noch den ganzen Tag bei uns, um zu sehen, wie es unserer Kleinen weiter erging. Siri schlief im Wohnzimmer auf der Couch den ganzen Vormittag. Gegen Mittag wachte sie kurz auf, um zur Toilette zu gehen, danach schlief sie wieder.

Am Nachmittag wurde sie dann wieder hellwach und war wieder ganz unser temperamentvolles Mädchen. Wir hatten plötzlich alle Mühe, sie wenigstens noch diesen Tag ruhig zu halten.

Als wäre nichts geschehen, spielte sie zu unserer Freunde mit ihren Geschwistern. Solch einen Sturz wollten wir nicht noch einmal erleben. Sofort am Montag bestellten wir einen Schreiner, der auch die letzte Gefahrenzone der Treppe entschärfte.

Doch zurück zu Erfreulicherem, zum ersten Weihnachtsfest unserer Kleinen.

Weihnachten kam und damit auch die große Vorfreude und Spannung. Als am Heiligen Abend der Tannenbaum ins Zimmer gestellt wurde, war Siri sprachlos. „Tannenbaum schön!" klatschte sie begeistert. Mit Nadia, Peter und Bienchen beteiligte sie sich voller Freude am Schmücken des Baumes. Dass dabei einige Kugeln zu Bruch gingen, störte keinen von uns.

Der Tag verging mit den üblichen Vorbereitungen für das große Fest. Das Haus duftete weihnachtlich, dann ging es festlich gekleidet zur Kirche. Diesmal stand die Predigt nicht zu sehr im Mittelpunkt. Sirintra belebte den Gottesdienst durch ständige Zwischenrufe. So schnell verging wohl noch kein Weihnachtsgottesdienst.

Mit uns feierten wie jedes Jahr Wilfrieds Mutter und meine Eltern das Fest. Nachdem das Glöckchen geklingelt hatte, durften wir alle wie immer ins Weihnachtszimmer. Sirintra stand stumm vor dem erleuchteten Baum. „Schön," sagte sie immer wieder.

Wie jedes Jahr genossen wir vor der Bescherung das Weihnachtskonzert unserer Kinder. Auf liebevoll gemalten Karten standen die weihnachtlichen Konzertpunkte. Sirintra verfolgte aufmerksam das musikalische Vorspiel.

Dann kam die Bescherung. Beglückt verfolgten wir die Freude unserer Kinder. Da wir mit den Großeltern feierten, hatte jedes Kind einen Erwachsenen für sich, der ihnen beim Aufbau der Geschenke behilflich sein konnte. Peter bastelte mit Opa und Papa, Oma war ganz für Siri da und half beim Aufbau der Puppenküche. Oma Mertins spielte mit Bienchen, ich hatte Zeit für meine Große.

Nach dem anschließenden gemütlichen Weihnachtsessen spielte unser Quartett mit den neuen Sachen. Wir Erwachsenen zogen uns vor den Kamin zurück und erfreuten uns an dem romantischen Weihnachtsfest.

Als wir Sirintra inmitten ihrer Geschwister beobachteten, hatten wir das Gefühl, sie wäre immer bei uns gewesen und nicht erst ein paar Wochen. Nichts war von den gefürchteten Anfangsschwierigkeiten eingetreten. Das hatten wir nur Sirintras Anpassungsfähigkeit zu verdanken und der phantastischen Mitarbeit ihrer Geschwister.

Siri beglückte uns durch ihre Fähigkeiten, uns anzunehmen und uns ihre Liebe zu schenken. Nadia, Peter und Bienchen hatten es ohne Eifersucht zugelassen, dass Sirintra in den ersten Wochen im Mittelpunkt stand. Wir waren sehr stolz auf unsere Kinder. Sie hatten gezeigt, dass Belastungen ihnen nichts ausmachten, oft verzichteten sie auf die gewohnte Zuwendung zugunsten ihrer kleinen Schwester. Den Lohn bekamen sie umgehend zurück von Sirintra. Siri liebte und liebt ihre Geschwister.
Nadia war und ist ihre zweite Mutter. Nana freut sich über diesen Stellenwert, den sie bei Siri hat. Sie zeigt Sirintra gegenüber eine Toleranz, die grenzenlos ist. Da Nadia und

Siri sich temperamentmäßig sehr ähnlich sind, kann Nana ihre kleine Schwester, wenn sie trotzig ist, auch sehr gut beruhigen. Wie ich früher meine Nadia aus ihren Trotzanfällen geholt habe, so liebevoll schafft Nadia heute das Gleiche bei Siri. Es ist rührend, die beiden zu beobachten. Peter wurde für Siri der große Spiel- und Turnpartner. Sirintra liebt wilde und wüste Spiele und fand in Peter ihren Gegenpart auf diesem Gebiet.

Große Sorgen hatten wir uns anfänglich Bienchens wegen gemacht. Beim psychologischen Gespräch vor der Adoption hatte uns der beratende Psychologe empfohlen, um Eifersucht zu vermeiden, sollte das anzunehmende Kind nicht zu nahe an Bienchens Altersstufe sein und möglichst auch noch das gegenteilige Geschlecht haben. Nun war das nicht eingetreten. Sirintra brach von Anfang an in ihre Bereiche ein. Durch ihr hübsches Aussehen und ihre reizende Art nahm sie Bienchen viel von der gewohnten Zuwendung anderer. Aber auch Biene zeigte sich stabiler als vermutet. Wohl kam anfänglich Eifersucht auf, die Bienchen auch deutlich formulierte. Doch auf der anderen Seite hatte sie in Siri eine ständige Spielpartnerin, und das genoss sie sehr. Bisher waren Peter und Nana ein eingespieltes Team gewesen. Bienchen als Kleine wurde von ihnen als Spielpartner nicht voll akzeptiert. „Du bist noch zu klein," war meistens die Antwort gewesen, wenn Biene mitspielen wollte. So orientierte sich Biene nach außen und holte sich Freunde zu uns ins Haus. Jetzt fand sie in der Familie in Sirintra ihren Partner. Wie gut hatte sich die neue Familienordnung schon eingespielt und wie problemlos.

An diesem Weihnachtsabend dachten wir staunend darüber nach und waren voller Dankbarkeit.

Der erste Urlaub

Die Wochen im neuen Jahr verliefen ruhig. Sirintra machte einige für sie sehr wichtige Entwicklungsphasen durch. Während die Sprache immer besser wurde, veränderte sich Sirintras Verhalten. Anfangs war Siri sehr selbständig gewesen. Musste es im Heim auch sein. Es war ihr selbstverständlich, sich alleine auszuziehen, alleine zu essen, zum Klo zu gehen. Nach und nach verlor sie diese Selbständigkeit. Siri wollte nun ständig Baby spielen. Wir erfüllten ihr diesen Wunsch, da wir wussten, wie wichtig es für sie war, diese Phase nachzuholen.

Sirintra, die zuerst so gerne lief, wollte mehr und mehr getragen werden. „Sisi so klein“ sagte sie. So kauften wir ihr einen Buggy, in dem sie sich genüsslich fahren ließ. Am Abend spielte Siri mit Nadia Babybaden. Mit „Aeh, Aeh“-Lauten ließ sich Siri in der Wanne waschen und strampelte perfekt dazu. Anschließend wollte sie sich nur von Nadia eincremen und anziehen lassen.

Dann krabbelte sie Nana hinterher. Wenn wir sie dann anschließend zum Schlafen in unser Bett in die Mitte legten, wirkte sie wirklich winzig. „Eigentlich ist Siri ja noch unser süßes Baby,“ meinte Nana oft, „sie ist noch so klein und wirkt gar nicht wie eine Dreijährige.“ Das stimmte auch. So klein uns Sirintra im Heim vorkam, ihr Gesichtsausdruck zeigte, dass sie ein selbständiges großes Kind war.

Jetzt, obwohl deutlich gewachsen, wirkte Siri viel kleinkindhafter. Es war für sie gut, dass sie diese Entwicklungsstufe nachholen konnte. In dieser Phase benötigte Siri auch tagsüber Pampers.

Anfangs, nach ihrer Ankunft, aß Siri alleine. Nun liebte sie es, gefüttert zu werden. Auch die Nahrung veränderte sich. Siri aß nun überwiegend Milchprodukte und lehnte Fleisch und Gemüse ab. So gaben wir ihr eine Zeit lang Babybrei und Babygläschen, die sie genussvoll verspeiste. Je mehr Sirintra sprechen lernte, desto mehr erzählte sie auch von Thailand. Nun erfuhren wir, warum Sirintra am Anfang so trotzte, als ich die Eingangstür versperrte, um zu verhindern, dass sie auf die Straße lief. Als sie wieder einmal Bilder ihres thailändischen Heimes sah, zeigte sie auf das Bild des Schlafsaales. „Das ist Sisi-Bett, das ist Oranut-Bett. Wenn Sisi Bett, böser Mann kam mit großen Schlüssel und Tür zu." erklärte Sisi mir. „Schlüssel so groß!" sagte sie und zeigte mit ihren Händen einen Abstand von mindestens 50 cm. In ihrer Erinnerung wuchs der verhasste Schlüssel wohl auf Übergröße. Mir schauderte, als ich mir unsere Kleine in dem abgeschlossenen Raum vorstellte. Kein Wunder, dass sie diese Situation hier nicht auch wollte. Noch nachträglich tat es mir leid, dass ich mir damals nicht anders zu helfen gewusst hatte, als die Eingangstür zu versperren. In meine Gedanken hinein rief Sirintra: „Mama, Oranut telefonieren!" Oranut, ihre kleine Freundin aus dem Heim, lebte mit ihren Eltern in Bayern, und Siri liebte es sie anzurufen. Sie drückte auf die im Telefon gespeicherte Nummer und telefonierte strahlend. Wie immer rief sie „Oranut oder Anna", wie sie jetzt genannt wurde, an. Dann verstand ich nichts mehr. Ob Siri noch perfekt Thailändisch mit Oranut sprach, konnten wir nicht sagen. Wohl klang es so, und oft lachten die kleinen Mädchen am Telefon.

Gerne tauschte auch ich mit Oranuts Mutter Erfahrungen am Telefon aus. Wir bedauerten nur, so weit voneinander zu leben.

Unseren ersten Urlaub mit Sirintra hatten wir für Ostern geplant. Wir wollten nach Bad Reichenhall. Auf der Rückfahrt war ein Zwischenstop bei Familie Weber in Regenstauff vorgesehen. Wir freuten uns jetzt schon darauf, was Siri sagen würde, wenn sie ihre kleine Spielgefährtin wiedersehen konnte.

Unser ersehnter Urlaub kam. Doch als wir die Koffer packten, merkten wir, dass dieser Urlaub nicht das Richtige für Siri zu sein schien. Sie wurde ganz unruhig. Wir versuchten, ihr zu erklären, was Urlaub ist, aber für sie bedeutete es nur, alles ihr lieb und vertraut Gewordene zu verlassen.

„Mama, sollen wir nicht lieber hier bleiben?“ meinte Nana, die nicht mit ansehen konnte, wie traurig Sirintra wirkte. „Du spinnst wohl,“ entgegnete Peter, „ich freu mich so auf den Urlaub“ – „Ich will auch in unser Hotel,“ warf Biene ein. „Ihr seid alle Egoisten,“ war Nanas Kommentar. Ich wurde auch unsicher. Aber bisher hatte Siri alle neuen Situationen gut gemeistert, und Urlaub zu Hause würde für meinen gestressten Mann keiner sein. Zu oft hatte ich erlebt, wie mein Mann auch an seinen freien Tagen stundenlang Arztbesuche fuhr. Sobald die Patienten merkten, dass ihr Arzt zu Hause war, wurde immer er, nicht seine Vertretung, gerufen. „Nein, Papa braucht seine Urlaubstage nötig, wir fahren!“ entschied ich, wenn auch mit ungutem Gefühl.

Schon aber auf der Hinfahrt weinte Siri bei der ersten Rast. „Siri Hause“ rief sie verzweifelt. „Bald sind wir wieder zu Hause,“ beruhigten wir sie. Wieder leisteten unsere Kinder gute Arbeit. Sie beschäftigten Sirintra so liebevoll während der Fahrt, dass Siri ihren Kummer vergaß und letztendlich fröhlich mitspielte. Sie hatten immer ein gutes Gespür dafür, das Richtige zur rechten Zeit zu tun.

Das Hotel in Bad Reichenhall erreichten wir nach nur achtstündiger Fahrt am Abend. Wir bewohnten wieder das schöne, große Appartement, das wir schon durch vorangegangene Urlaube kannten.

Während unser Quartett das Hotel durchstöberte, räumten wir die Koffer aus. Der erste Abend verlief dann doch noch gut. Sirintra zeigte sich erfreut, als sie ihre Kleidung im Schrank neben Nadias entdeckte. Auch wenn wir nicht alle Anziehsachen von ihr mitgenommen hatten, beruhigte es Siri, ihre Kleidung wieder in einem Schrank zu sehen. Schnell packte Siri ihre mitgenommenen Spiele dazu. Wir mussten lachen. Zu Hause hatte sie in der letzten Zeit nicht mehr „gehamstert". Hier schien es ihr wohl sicherer, erst mal wieder einen Vorrat liebgewordener Sachen anzulegen.

Der Urlaub tat uns allen sehr gut. Wir genossen die freien Tage, das Wandern, das Sonnen auf der Pattinger Alm, das Spielen mit unseren Kindern.

Die Tage vergingen, prall gefüllt mit Aktivitäten, die ganz auf unsere Kinder abgestimmt waren und uns allen Freude machten. Jeden Morgen ging es schon vor dem Frühstück ins hoteleigene Schwimmbad. Unser Quartett liebte das Wasser. Sirintra machte bei allen Unternehmungen freudig mit. Doch zeigte sie, bedingt durch den Raumwechsel, einige Entwicklungsrückschritte. Sie klammerte sich wieder ängstlich an Nadia und mich, auch ihre Trotzanfälle häuften sich wieder. Ausgelöst wurden sie, wenn wir Sirintra etwas verweigerten.

In den ersten Wochen hatte sie, nachdem sie gelernt hatte, wie schön Eigentum war, alles haben wollen, was sie sah. Wenn wir einkaufen gingen, wollte sie jedes Teil, das ihr gefiel. Anfänglich kaufte ich ihr auch sofort alles, da es mir Freude machte, sie so strahlen zu sehen. Als wir dann aber feststellten, dass sie ein „nein" nicht mehr annehmen konnte, versuchten wir, sie langsam daran zu gewöhnen, dass nicht jeder Wunsch erfüllt werden konnte. In der Folgezeit reagierte Siri, wenn wir sagten: „Nein, das Spiel ist zu teuer," sofort mit Trotz. Es war für sie nicht auszuhalten, etwas versagt zu bekommen. Bei Sirintras Temperament war es selbstverständlich, dass sie ihren Zorn herausschrie. Ich war dann die Böse, die ihr den Wunsch abschlug. Dieses Verhalten hielt einige Wochen an, nach und nach aber nahm diese für uns etwas schwierige Phase wieder ab, und Siri lernte, „nein“ zu akzeptieren.

In diesem ersten Urlaub fiel Sirintra in diese Entwicklungsstufe zurück. Wahrscheinlich hatte sie das Gefühl, nun wieder neues Eigentum ansammeln zu müssen, da sie ja nicht alle Spielsachen von zu Hause mit in den Urlaub hatte nehmen können. So vermieden wir Einkäufe mit Siri, um sie nicht zu sehr zu belasten. Mein Mann und ich wechselten uns zum Einkaufen ab, während Siri mit dem Rest der Familie sich auf irgend einem Spielplatz vergnügte.

Zu Ostern erlebte Sirintra eine große Sensation. Es gab Schnee. Sirintra lachte vor Vergnügen. Die Ostereier wurden im Schnee versteckt und begeistert gefunden. Osterhasen waren diesmal Nadia und Peter, die diese Rolle perfekt spielten. Siris und Bienchens Korb füllten sich bei dem traditionellen Osterspaziergang schnell, und geschickt versteckten Nana und Peter immer wieder die schon gefundenen Eier, so dass die Eiersuche endlos wurde. Wir Eltern standen bei diesem fröhlichen Spiel im Hintergrund und hatten unseren Spaß an dem vergnügten Quartett.

Zu schnell vergingen die schönen Tage, und die Heimfahrt wurde angetreten. Wie schon erwähnt wollten wir auf der Rückfahrt Station bei Familie Weber machen und freuten uns sehr auf das Kennenlernen. Während Oranut und Sirintra sich ja schon ein Leben lang kannten, waren wir Familien uns nur telefonisch bekannt. Auf der Fahrt erzählten wir Sirintra, dass wir nun Oranut besuchen würden. „Oranut nicht, Oranut ist Anna,“ sagte Siri und zeigte uns deutlich, dass sie verstanden hatte, dass Oranut nun einen neuen Namen hat.

„Ich bin gespannt, was Sirintra macht, wenn sie Anna sieht," sagte Nadia, kurz, bevor wir in Regenstauff ankamen, „ob Siri dann Thailändisch redet?" überlegte Bienchen, „Das wäre schade, dann könnten wir nichts verstehen. Hoffentlich sind die beiden Jungen, Constantin und Alexander, nett, dann habe ich wenigstens jemand zum Spielen. Ihr unterhaltet Euch ja sowieso nur, und Nana und Nabee werden sich um Siri und Anna kümmern. Sonst ist es ja total langweilig für mich," war Peters einzige Sorge. Wenig später kamen wir an und wurden mit lautem Hallo begrüßt. Wir mochten uns alle auf Anhieb, und es wurden nette, unterhaltsame Stunden bei Familie Weber. Aber das Wiedersehen der kleinen getrennten Freundinnen, die so gerne miteinander telefonierten, verlief völlig anders, als von uns eingeschätzt. Keine Umarmung, keine strahlende Wiedersehensfreude. Siri stand Anna gegenüber, und sie schauten sich an, als hätten sie sich zum ersten Mal gesehen. Danach suchte Siri Schutz bei Nana, und Anna ging ihrer Mutter nicht von der Seite.

Wieder einmal hatten wir eine Situation nicht richtig eingeschätzt. Wir dachten, wir würden den beiden eine riesige Freude machen, wenn sie sich wiedersehen könnten. Aber beide Kinder waren völlig erschrocken, hier in ihrer neuen Welt einem vertrauten Gesicht aus ihrem früheren Leben zu begegnen. Vielleicht hatten sie Angst, wenn sie jetzt zusammen sind, sie müssen wieder zurück. Wir konnten ihr Verhalten natürlich nur vermutend interpretieren, aber es schien, als ob die beiden Mädchen es für zu gefährlich hielten, spontan aufeinander zuzugehen. Sie verhielten sich sehr passiv und guckten sich verstohlen von der Seite an, und erst nach vielen Bemühungen durch die anderen Kinder spielten sie später miteinander. Aber auch da verhielten sie sich wie Kinder, die sich das erste Mal gesehen hatten und nicht wussten, was das andere tun würde.

Während sieben Kinder zu ihrem Spiel fanden, tauschten wir Erwachsenen unsere Erfahrungen aus. Auch wenn wir Siri und Anna nicht die erhoffte Freude des Wiedersehens bereitet hatten, war es schön, dass wir uns kennen gelernt hatten.

Auf unserer Weiterfahrt nach Hause wurde Siri dann plötzlich wieder gesprächig. „Oranut/Anna,“ immer wieder vernahmen wir diese Namen. Siri erzählte und erzählte. Sie fiel wieder in ihre Muttersprache zurück, und wir verstanden nichts. Doch, wir verstanden, dass Siri Anna wohl erkannt hatte, die Situation sie überforderte, aber viele Erinnerung wurden durch Anna in ihr wach. Es waren auch schöne Erinnerungen, denn Siri plauderte fröhlich und munter. Dann schlief Siri für den Rest der Reise erschöpft ein.

Wieder einmal trugen wir sie schlafend ins Haus. Als sie erwachte, war ihr Glück vollkommen. Sie rannte im Haus umher: mein Schrank, meine Spielsachen! Alles wurde freudig wieder angenommen.

Danach ließ sie sich beglückt inmitten ihrer Sachen nieder und guckte uns alle, die ihr gefolgt waren, zufrieden an. „Urlaub war schön, jetzt sind wir wieder Hause,“ sagte sie strahlend. Nana lachte und nahm sie in die Arme. „Meine Süße, jetzt hast du verstanden, was Urlaub ist. Schön, dass wir wieder hier sind, Siri?“ – „Ja,“ antwortete sie und schaute Nana ernsthaft an.

Die erste Trennung

Vier Wochen später verließ Nana zum ersten Mal für eine Woche ihre kleine Siri.

Dieser Abschied war für Nadia schon im Voraus sehr schwierig. Nadia machte mit dem Orchester ihrer Schule eine einwöchige Studienfahrt. So sehr sie sich auf diese Reise freute, so viel Angst hatte sie auch davor, Siri könne durch ihre Abwesenheit leiden. Schonend wollte Nana Siri auf ihre Abreise vorbereiten.

Als wir den Koffer packten, nahm Nana Siri auf den Schoß und erklärte ihr: „Ich fahre jetzt mit der Schule in den Urlaub, Siri, aber du brauchst keine Angst zu haben, ich komme wieder, und dann bringe ich dir was ganz Tolles mit." – „Ich auch Urlaub," war Siris Antwort. „Das geht nicht, du bleibst bei Mama." – „Nein, ich will mit Nana Urlaub, is schön!" Damit war für Siri alles klar, und sie ging nach unten.

Nana war ganz unglücklich. „Was denkt sie jetzt von mir, wenn ich sie alleine lasse?" – „Auch das wird Siri lernen, wie schon so vieles. Sie wird lernen, du fährst weg, aber du kommst immer wieder," tröstete ich meine Große.

Plötzlich stand Siri im Zimmer. Freudig legte sie ihre Kleidung auf Nadias Sachen. Nana traten Tränen in die Augen, und ich versuchte nochmals, Siri zu erklären, dass nur Nana wegfahren würde.

Am nächsten Morgen brachten Siri und ich Nadia zum Schulbus. Als Sirintra sah, wie Nanas Koffer im Bus verstaut wurden und Nana in den Bus einstieg, schrie sie:

„Nana, Nana," und streckte die Ärmchen zu Nadia hin. Tränen stürzten aus ihren Augen. Der Bus fuhr ab, und ich winkte einer ganz verzweifelt guckenden Nadia. Siri schaute dem Bus nach. Plötzlich drehte sie sich zu mir und schlug auf mich ein. „Böse Mama, böse Mama, meine Nana!" schrie sie. Ich durfte sie nicht trösten.

Auf der Heimfahrt im Auto schluchzte sie still vor sich hin. „Nana kommt wieder, Siri, ganz bald, du wirst sehen. Sie ist doch nur im Urlaub." – „Aber ich will auch Urlaub mit Nana, böse Mama!" war die für mich niederschmetternde Antwort. Ich war für Siri die Schuldige an dieser Trennung.

In den nächsten Tagen war Sirintra mir gegenüber sehr reserviert. Wenn Bienchen oder Peter da waren, zählte ich nicht. Am Abend flüchtete sie zu Papa und klagt ihr Leid. „Papa lieb, Mama böse."

Endlich war die Woche um, und wir konnten Nadia wieder an der Schule zurückerwarten. Als der Bus um die Ecke bog, war Siri nicht mehr zu halten. „Meine Nana kommt!" rief sie immer wieder.

Als sie Nana entdeckte, winkte sie Nana energisch mit ihrem kleinen Finger zu sich. „Komm, komm!" rief sie laut. Dann rannte sie ihr entgegen. „Meine Nana!" lachte sie und sprang ihr auf den Arm. Sir hatte ihren Frieden wiedergefunden, und auch unser Verhältnis normalisierte sich wieder mit Nadias Anwesenheit.

Sirintra hatte wieder etwas durch Erfahrung gelernt. Eine Familie bleibt immer zusammen, auch wenn einer einmal wegfährt, er kommt immer wieder nach Hause.

Als kurz darauf Peter mit seiner Klasse ins Schullandheim fuhr, hatte Siri keine Ängste mehr. „Peter kommt wieder, ich weiß," sagte Siri und winkte Peters Bus hinterher.

Nach diesen beiden Ereignissen fühlte sich Sirintra sicher und geborgen in unserer Familie. Sie wusste, dass Veränderung nur vorübergehend war. So wurde auch der folgende Sommerurlaub auf Mallorca für sie nur zu einem positiven Erlebnis. Sie packte voller Vorfreude ihren Koffer und strahlte uns an. „Urlaub ist schön." Die wichtigste Eingewöhnungsphase war schnell und erstaunlich problemlos verlaufen. Wohl war ihre Sprache noch nicht altersgerecht, und das würde auch noch einige Zeit benötigen. Aber unsere Kleine wusste, wo sie hingehörte, sie liebte uns von ganzem Herzen und beglückte uns durch ihre Zuneigung.

Siri wollte nun ganz bewusst groß werden. Nachdem sie ihre Babyphase nachgeholt hatte, nahm sie ihre Selbständigkeit wieder auf.

Zu ihrem vierten Geburtstag erfüllten wir ihr auch ihren Wunsch nach einem eigenen Zimmer. „Ich bin groß, ich will auch ein Zimmer!" Voller Freude beteiligte sie sich an der Gestaltung ihres Reiches. Als es dann endlich bezogen werden konnte, bestand Siri darauf, in ihrem Bettchen allein zu schlafen. Tatsächlich schlief sie die ganze Nacht durch und war am nächsten Morgen sehr stolz auf sich. Am folgenden Abend allerdings verließ sie der Mut, und Sirintra legte ihre Matratze neben Nadias Bett, und seitdem hat sie dort ihr Schlaflager.

Für uns war es völlig ungewohnt, ohne ein Kind zu schlafen. Nach fast vierzehnjähriger nächtlicher Belagerung, oft lagen wir zu fünft im Bett, erschien uns das Bett viel zu groß. Wie vermissten wir die kleinen Füßchen, die Händchen, die uns nachts streichelten. Sogar das nächtliche Wecken fehlte uns, wenn Siri uns anstieß, und mit dem Ausruf „Eigentlich habe ich Durst!" nach der Sprudelflasche verlangte. Wie schnell sich doch alles bei Siri veränderte.

Nun wollte Sirintra auch mit Macht ins Ballett. Geige wollte sie ebenfalls lernen. Da ihre sprachlichen Fähigkeiten sich soweit gesteigert hatten, dass sie alles verstand, gaben wir ihrem Drängen nach. Stolz ging sie seit diesem Zeitpunkt zum Ballett. Sie konnte die wöchentlichen Stunden oft gar nicht abwarten.

Auch im Geigenunterricht zeigte sich gleich ihr musikalisches Talent und ihre Begabung. Voller Freude übte sie auf dem Instrument und machte täglich Fortschritte.

So hatten wir Weihnachten erstmals ein Streichquartett. Sirintra lernte täglich dazu. Während sie anfangs durch die Erfahrung lernte, hatte sie jetzt die Möglichkeit, durch Fragen zu lernen. Es machte uns allen Freude, ihre Wissbegierde zu stillen. Im Heim hatte sie drei Jahre lang mit Sicherheit nicht viele Antworten erhalten. Die Zeit, Fragen zu beantworten, hatten die Mitarbeiter dort bei den vielen Kindern nicht gehabt.

In unserer Familie fehlte ihr anfangs die sprachliche Möglichkeit. Nun, fast eineinviertel Jahre in unserer Familie, stand ihr Mündchen nicht mehr still. Grammatikalisch war Sirintras Sprache noch nicht perfekt, aber sie konnte alles ausdrücken, was sie wollte, und, was uns sehr wichtig war, ihre Gefühle mitteilen. Wenn Siri die Worte fehlten, erfand sie oft die drolligsten Wortschöpfungen. Zum Beispiel sagte sie einmal, als ihr Rücken juckte: „Mama, kratz mal, mein Rücken kluddert."

Nadia gab sich anfangs die größte Mühe, Siri in die grammatischen Geheimnisse unserer Sprache einzuführen. Immer wieder sagte sie: „Siri, der Papa, der Peter, heißt es, und nicht die Papa. Papa ist ein Mann, deshalb heißt es der Papa. Und es heißt die Mama, die Nana, die Biene. Bei Mädchen heißt es „die". Merk dir das!"

Ein paar Tage später sagte Siri: „Nana, gib die Mama mal das Buch!“ Lachend guckte Nana mich an. „Was soll ich denn jetzt sagen? Gerade hab ich ihr erklärt, dass heißt „die Mama“, wie soll ich ihr denn klar machen, dass es nun heißt: gib d e r Mama mal das Buch. Die deutsche Sprache ist wirklich zu schwer, wenn wir Engländer wären, wäre Siris Sprache schon fast perfekt. Da brauchte sie sich nur „the“ zu merken.“

Durch Nadias Versuche, die Sprache logisch zu erklären, kam es Wochen später noch zu einer sehr niedlichen Szene. Siri liebte es, sich Lieder auszudenken und dann zu singen. Eines Morgens sang sie: „Ich hab Hunger, sagt die kleine Affe. – Mama, sing auch mein Lied!“ forderte sie mich auf. Brav sang ich, aber natürlich korrekt, damit sie es richtig lernt: „Ich hab Hunger, sagt der kleine Affe.“

„Ich hab aber ‚die Affe‘ gesagt,“ reagierte Siri energisch. „Es heißt aber ‚der Affe‘.“ Siri guckte mich wissend an und schüttelte schulmeisterlich das Köpfchen und sagte ganz ernst: „Nein, Mama, mein Affe ist ein Mädchen!“ Nadjas Unterricht zeitigte Folgen.

Sirintra liebt es, immer noch zu telefonieren. Jeden Morgen rief sie Oma an, um ihr kleine Alltäglichkeiten zu erzählen. Dabei nahm sie oft alles sehr wörtlich. Als Oma einmal erstaunt sagte: „Sag bloß, das hast du gemacht?“, antwortete Siri ungehalten: „Na, ich sag's doch!“ Durch die fehlende Sprache hatte Siri gelernt, auf ihr Auge zu vertrauen. Das fiel uns ganz besonders auf, als sie zu sprechen anfing. Gesellschaftsspiele zum Beispiel, die für sie unserer Meinung nach zu schwierig waren, hatte sie, still bei uns sitzend, oft beobachtet. Als wir ihr später dasselbe Spiel erklären wollten, sagte sie schlicht: „Das kann ich schon!“ Auf unsere Frage, wieso, wurde uns erklärt: „Ich habe doch immer zugeguckt, weißt du, ich gucke genau hin und dann kann ich es.“ Siri hatte in ihrer sprachlosen Zeit Fähigkeiten entwickelt, über die wir oft nur staunen konnten.

So fing sie plötzlich an, ohne dass einer aus unserer Familie mit ihr geübt hätte, zu zählen. Zahlen bis 30 machten ihr überhaupt keine Probleme. Auch las sie viele Buchstaben und fing an, Namen zu schreiben. „Das habe ich bei Bienchen gesehen,“ bekamen wir dann meistens zur Antwort.

Sirintras Entwicklung ging mit großen Sprüngen voran, und ehe wir es merkten, hatte sie alles aufgeholt, was sie in den drei Jahren Kinderheim versäumt hatte.

Langsam verlor sie natürlich die thailändische Aussprache. Während sie uns anfangs noch viel aus dem Heim erzählt hatte, dachte sie sich nun zunehmend Geschichten aus. Eines Tages überraschte sie mich mit einer Erzählung, die ich richtig stellen musste. Siri behauptete plötzlich, ich hätte sie geboren und dann nach Thailand ins Heim gebracht. „Warum hast du mich denn so schrecklich lange da gelassen?“ fragte sie mich. Da versuchte ich, ihr behutsam zu erklären, dass sie von einer thailändischen Mutter geboren worden war, die sich nicht um sie kümmern konnte. Ich erzählte Siri, dass diese Mutter wahrscheinlich viel zu arm war (Geld war Siri sehr wichtig, da sie davon so viele schöne Sachen kaufen konnte), um für ihr Baby zu sorgen. Deshalb hätte sie es abgegeben, damit es neue liebe Eltern bekommt. Als wir erfahren hätten, dass unsere kleine Siri sich Eltern wünschte, wären wir sofort nach Thailand geflogen und hätten sie geholt. Mit dieser Erklärung war Siri sehr zufrieden. Dann wollte sie alles über Nadia, Peter und Bienchen wissen. Interessiert hörte sie zu. Zum Schluss des langen Gesprächs meinte sie: „Eigentlich ist es auch egal, ob ich aus deinem Bauch komme oder nicht. Die Hauptsache ist, dass ich jetzt bei euch bin!“

Sirintras Taufe, 28.7.91

Das Jahr 1991 stand im Zeichen zweier schöner Familienfeste. Im Mai wurde unsere geliebte Nadia konfirmiert. Die Vorbereitungen für Nadias Konfirmation wurden von Sirintra begeistert mitgestaltet. Längst hatte sie gelernt, nicht immer im Mittelpunkt zu stehen. Sie ließ sich von den aufregenden Vorbereitungen für Nadia mitreißen und bastelte täglich neue Geschenke für sie.

Anfänglich hatten wir daran gedacht, Nadias Konfirmation und Sirintras Taufe zusammen zu feiern. Aber dann verwarfen wir diese Idee. Jedes unserer Kinder sollte seinen großen Tag ungeteilt erleben. Außerdem war es Nadias Wunsch, die Patenschaft bei Siri zu übernehmen.

Die Konfirmation unserer Großen wurde ein feierliches Erlebnis. Gerührt sahen wir Nadia im Kreise ihrer Altersgenossen. Stolz auf ihre Schwester erlebten Peter, Nabee und Sirintra das Fest mit.

Sirintras Taufe sollte Ende Juli stattfinden, da dieser Zeitpunkt für Sirintras Patentante, die in der Schweiz lebt, der günstigste war. Wie jede Taufe unserer Kinder planten wir auch Sirintras Taufe sehr sorgfältig. Da wir erstmals ein älteres Kind zur Taufe führten, sollte dieser Tag für Siri ein ganz besonderer Tag werden.

Sirintra hatte durch Nadias Konfirmation schon eine gute Vorstellung, wie ihre Taufe ablaufen würde. Wir wünschten uns für Siri ein Fest, das wir, wie schon bei Nadia, Peter und Nabee, selbst mitgestalten konnten.

Mein Mann wollte gerne ein persönliches Gebet für seine Kleine sprechen. Auch die musikalische Gestaltung übernahmen wir. Siri freute sich auf die vielen Gäste, die ihr zu Ehren eingeladen waren, auf die vielen Geschenke und auf die Kirche. Aufgeregt fieberte sie ihrem Tag entgegen.

Endlich war es so weit. Wir schritten festlich gekleidet mit Sirintra und der gesamten Festgemeinde zur Kirche. Siri strahlte über das ganze Gesichtchen. Sie sah reizend aus in ihrem duftigen Kleid, dem hübschen Blumenkranz auf den dunklen Haaren.

Die große Taufkerze hielt sie fest in ihren braunen Händchen. Die Taufe wurde sehr schön und sehr persönlich. Zum Auftakt spielte Nadia auf der Geige eine Sonatine von Telemann.

Nach der sehr auf Siri bezogenen Predigt führten die Paten, Nadia und meine Freundin Aggi Sirintra zum Taufbecken. Siri verfolgte alles mit großer Andacht.

Nach der Taufzeremonie spielten Nabee und Nadia ein Bachmenuett. Nabee spielte die Geige und wurde von Nadia auf dem Cello begleitet. Zum Schluss sprach mein Mann für Sirintra ein Gebet. Dieses Gebet hatte ein Pfarrer für sein Adoptivkind geschrieben, und wir fanden es, auf unsere Familie bezogen, sehr passend:

Mein Kind,
dein Fleisch ist nicht von unserem Fleisch,
dein Blut ist nicht von unserem Blut,
du bist geboren im Herzen, wo die Liebe wohnt.
Nicht gezeugt und empfangen in einer Liebesnacht,
Wirklichkeit geworden durch Papiere und Dokumente,
auserwählt unter Hunderttausenden durch Zufall,
von Gott geschenkt –
unser Kind!

Gerührt verließen wir nach dem Gottesdienst die Kirche und wurden durch Siris Ruf: „Bekomme ich jetzt endlich meine Geschenke?“ wieder in die Wirklichkeit zurückgerufen.

Da stand sie, unsere Kleine. Inmitten ihrer großen Familie, von allen geliebt und angenommen. Ihr konnte das Recht auf Liebe und Geborgenheit in einer Familie, auf die jedes Kind einen Anspruch hat, verwirklicht werden.

Doch wie viele Kinder müssen ohne Liebe aufwachsen?

Unsere Familie heute

Zehn Jahre nach Sirintras Adoption hat sich unsere Familie nochmals vergrößert. Mit Hilfe des ICCO, einer jungen staatlich anerkannten Vermittlungsstelle, erhielten wir die Chance, erneut ein Kind zu adoptieren.

Unsere kleine Chéa kam mit 16 Monaten aus Haiti zu uns und ist seitdem der Liebling der ganzen Familie.

Nadia, unsere Älteste, ist heute 22 Jahre alt. Sie studiert in Marburg Medizin. So oft es ihre Zeit erlaubt, kommt sie zur Freude aller nach Hause. Nadia ist sehr stolz auf ihre Geschwister und möchte so viel wie möglich von der Entwicklung ihrer jüngsten Schwester mitbekommen. Es ist ihr Wunsch, auch später ein Kind zu adoptieren.

Peter, bald zwanzigjährig, ist zu einem selbstbewussten jungen Mann herangewachsen. Er besucht die gymnasiale Oberstufe, und wir hoffen, dass er demnächst erfolgreich sein „Abi" baut. Da es immer noch seine Lebensdevise ist, mit dem Minimum das Maximum zu erreichen, ist bei uns Eltern noch Zittern angesagt.

Nabee, unsere Siebzehnjährige, nimmt das Leben von seiner leichten Seite. Sie ist stets optimistisch, liebt es, ihre Freizeit mit Freunden zu gestalten und hat immer noch ihre große Liebe: die Musik. Nabee möchte nach dem Abitur Musik studieren.

Sirintra hat alles erreicht, was sie sich schon früh vorgenommen hat. Sie spielt wie ihre Schwestern hervorragend Geige, auf ihren Wunsch erhält sie auch erfolgreich Klavierunterricht. Nachdem sie jahrelang Ballettunterricht hatte, hat Siri jetzt ihre Vorliebe für die Leichtathletik entdeckt. Sirintra ist eine fröhliche Dreizehnjährige mit einem großen Freundeskreis.

Es ist Siri zu verdanken, dass wir nun fünf Kinder haben. Nach Jahren intensivster Bindung an mich, die kein jüngeres Geschwisterkind zugelassen hätte, wuchs in ihr der Wunsch nach einem kleinen Geschwisterkind.

Als Sirintra zum Gymnasium wechselte, wurde das Thema immer aktueller. Je häufiger der Wunsch in der Familie diskutiert wurde, desto sicherer wurden wir uns.

Aber dieses Mal war es nicht mehr so einfach, den Wunsch zu realisieren. Inzwischen waren wir altersmäßig nicht mehr die „Idealfamilie", was Adoptionen anbetraf. Mit meinen 44 und Wilfrieds 50 Lebensjahren wären wir in den Augen vieler Adoptionsvermittlungsstellen zu alt gewesen.

Positive Erfahrung haben wir wieder mit unserem Jugendamt gemacht, das uns wie immer voll und ganz unterstützte. Als Erstbewerber hätten wir in unserem Alter natürlich keine Chance mehr gehabt, aber nach zwanzigjähriger Erfahrung mit Kindern traute man uns dort das fünfte Kind ohne Bedenken zu.

Der Zufall brachte uns dann mit Frau Hofer, der Gründerin des ICCO, zusammen. Frau Hofer hatte keine Probleme mit unserer Familienstruktur, und so konnten wir mit ihrer Hilfe die Papiere für Haiti zusammenstellen. Im Sommer 99 durften wir dann unsere kleine Chéa bei uns aufnehmen.

Unsere Kinder haben unser Leben auf die vielfältigste Weise bereichert und bestimmt. Jedes unserer Kinder war und ist ein Wunschkind. Kinder, die in diesem Gefühl aufwachsen und sich voll in ihrer Person angenommen wissen, entwickeln ein gesundes Selbstbewusstsein. Durch ihr positives Auftreten sind unsere Kinder immer auf ihnen freundlich gesinnte Mitmenschen gestoßen. Adoption, dieses Thema begleitet sie, seit sie denken können, und ist Teil ihrer Lebensgeschichte.

Durch die Adoptionen der nachfolgenden Geschwister wurde das Thema immer aktualisiert. Unsere Kinder haben mit der doppelten Elternschaft, über die selbstverständlich auch geredet wurde, nie Probleme gehabt.

Jedes unserer Kinder hat eine eigene Vorgeschichte, aber von Bedeutung ist für uns alle nur das hier und jetzt.

Wohl haben wir erwartet, dass in der Pubertät die Frage nach der Identität einen breiten Raum einnehmen würde, aber zu unserem Erstaunen zeigte keines unserer Kinder Interesse an der „Wurzelsuche".

Sie fühlen sich als Deutsche mit einem anderen Geburtsort. Ihr Informationsbedürfnis nach ihren Herkunftsländern ist eher mäßig. Vielleicht liegt es daran, dass wir immer sehr viele Informationen über ihre Länder gegeben haben. Wir hatten uns vorgenommen, die Herkunftsländer unserer Kinder mit ihnen zu besuchen, wenn sie Interesse signalisieren. Aber im Moment sind ihnen nähere Urlaubsziele lieber, Freunde, Freizeit und Familie sind wichtiger.

Adoption ist ein zentrales Thema in unserer Familie, da wir dadurch wie Puzzleteile, die zusammengehören, zusammengefügt wurden, aber Adoption bestimmt nicht unser Leben.

Das Familienleben selbst unterliegt denselben Gesetzmäßigkeiten wie bei jeder anderen Familie.

Nachwort

Durch unsere ehrenamtliche Tätigkeit als Beratungseltern zuerst bei „Terre des Hommes“, dann bei „Eltern für Kinder“, jetzt beim ICCO haben wir viele Adoptivfamilien kennen gelernt.

Es ist immer wieder ein Erlebnis für uns, zu sehen, wie glücklich die Kinder mit ihren Eltern sind und umgekehrt die Eltern mit ihren Kindern.

Es gibt nichts wichtigeres für ein verlassenes Kind, als die Geborgenheit in einer intakten Familie!

Unseren Adoptivkindern ist es egal, ob wir Eltern weiß oder braun sind. Die Hauptsache ist, dass wir ihnen unsere Zuneigung schenken, die für ein gesundes Heranwachsen die wichtigste Voraussetzung ist.

Dieses Buch soll kein Leitfaden für Adoptiveltern sein. Es ist unsere ganz persönliche Familiengeschichte über einen begrenzten Zeitrum.

Jede Adoption verläuft individuell. Dennoch werden einige Adoptivfamilien ähnliche Erfahrungen gemacht haben.

Ich möchte mit dem Buch Mut machen zur Adoption, vielleicht auch den Anstoß dazu geben, dass das gewünschte Kind nicht immer nur der Säugling sein muss. Unser Wunsch ist, dass möglichst viele verlassene Kinder dieser Welt ihre Familien finden mögen.

Wer einmal ein Kind aus einem Waisenhaus geholt hat, weiß, wie schwer es ist, die anderen Kinder, die so gerne mitmöchten, zurückzulassen.
Noch heute verfolgt uns der Blick eines damals vielleicht sechsjährigen Mädchens, das an die Wand gelehnt uns sehnsüchtig nachguckte, als wir mit Sirintra das Heim verließen. Wie gerne hätten wir auch dieses Kind mitgenommen! Leider verhindert die Bürokratie aller Länder solch spontane Entschlüsse.

Wir hoffen sehr, dass auch dieses Mädchen seine Familie inzwischen gefunden hat.

Wolfgang Gerts

Fragen und Antworten – vor einer Auslandsadoption

Frage: Ich stehe erst am Anfang. Wo soll ich beginnen?

Antwort: Wenn Sie sich sicher sind, dass Sie es mit einer Auslandsadoption versuchen möchten, oder wenn Sie ein Gespräch suchen, um diese Frage zu klären...

...der erste Weg ist immer der zu Ihrem örtlichen Jugendamt. Lassen Sie sich nicht am Telefon abspeisen. Die Aufgabe der Jugendämter ist die Beratung. Lassen Sie sich einen persönlichen Gesprächstermin in nicht zu langer Entfernung geben. Wenn Sie statt nach „Beratung" gleich nach „Informationen" fragen, kann es sein, dass man Sie auf einen sehr späten Termin vertröstet, an dem die Information gebündelt für mehrere Bewerberpaare gegeben wird.

Jedes Jugendamt arbeitet anders. Große Jugendämter sind einfach gezwungen, Bewerber zu gemeinsamen Gesprächen zusammenzufassen. Dies ist gerechtfertigt, denn oft sind die Mitarbeiter überlastet.

Nicht gerechtfertigt ist, wenn auch ein sehr kleines Jugendamt erst eine lange Frist setzt, um Bewerber zu sammeln, und wenn man Sie darauf vertröstet, dass man sich in 6 bis 9 Monaten zurückmeldet, wenn es sich „lohnt".

Hier wäre Ihr deutlicher Widerspruch angebracht. Denn für Sie und für das Kind ist es viel Zeit. Sie haben lange genug bisher warten und Enttäuschungen hinnehmen müssen, um zu diesem Schritt zu kommen. Sie werden nicht jünger, und über Gebühr darf niemand Ihre Geduld auf die Probe stellen.

Bitte haben Sie dennoch Verständnis für die Situation der oft mit vielen Aufgaben überlasteten Mitarbeiter. Zeigen Sie Ihr Verständnis auch, aber lassen Sie von Zeit zu Zeit von sich hören.

Frage: Bin ich zu alt für eine Auslandsadoption?

Antwort: Die Beratungserfahrung zeigt, dass diese Frage in den einzelnen Bewerbungsverfahren höchst unterschiedlich beantwortet wird. Eine Grenze für natürliche Geburten wird von niemandem gesetzt. Diese Grenze setzt schon die Natur. Wobei immer wieder die stolzen 79/80jährigen eine Meldung in der Boulevardpresse würdig sind, wenn sie Väter wurden.

Auch der Gesetzgeber legt keine Altersgrenze fest. Wenn solche Grenzen praktisch von einzelnen Behörden gesetzt werden, haben sie damit also zwar eine praktische Lösung gefunden, aber keinerlei gesetzlichen Rückhalt.

Diskussionswürdig wird die Frage ohnehin erst dann, wenn es auf die 50 zugeht. Denn zahlreiche Erfahrungen belegen, dass ältere Adoptiveltern gute und verständnisvolle Eltern sind, die auch umsichtig und weniger erschrocken mit den Problemen umgehen, die ein durch Heimaufenthalt geschädigtes Kind mitbringt.

Eine Ablehnung in dieser Altersspanne aus Altersgründen allein ohne weitere inhaltlich qualifizierte Argumente oder Beobachtungen zeugt bestens von schematischer aber nicht durchdachter Auslegung der von Landesjugendämtern ausgegebenen Empfehlungen. Auch die Gleichung „Alte Eltern = altes Kind“ kann nur mitdenkend und mit vielen begründeten Ausnahmen angewandt werden. Eine Adoption kann auch anders verlaufen. Um Regeln nur starr auszulegen, braucht es keine Sozialpädagogen, sondern Paragraphenreiter.

Länder wie Rumänien haben ihre Altersbegrenzung auf 50 Jahre aufgegeben. Auf keinen Fall sollte eine Adoption bei Bewerbern unter 50 Jahren heute mehr allein aus Altersgründen verweigert werden.

Frage: Auf welches Kindesalter sollte ich mich einstellen?

Antwort: Bei einer Auslandsadoption wird des in der Regel nicht glücken, einen neugeborenen Säugling in Empfang zu nehmen. „Günstige“ Vermittlungsformen führen zu einem Kind ab mindestens 9 Monaten. Aus vielen Ländern – oder nach Maßgabe vieler inländischer Vermittlungsorganisationen werden Kinder nach Deutschland jeweils erst ab 3,4 oder fünf Lebensjahren vermittelt.

Berechtigt ist das Anliegen mancher Staaten, zunächst alle Möglichkeiten zu nutzen, das Kind im eigenen Land zu vermitteln. Dies erspart Kindern (und auch aufnehmenden Eltern) einen „Kulturschock", erleichtert den späteren Umgang mit den einmal aufkommenden Identitätsproblemen eines adoptierten Kindes.

In der Praxis achten viele Jugendämter darauf, jüngeren Eltern jüngere Kinder, älteren Eltern ältere Kinder zu vermitteln. Dies hat sein Recht allein darin, dass im Entscheidungszwang eine klare Richtlinie gefunden werden muss. Ideologisiert werden darf diese Entscheidung aber nicht: Weder im Blick auf die seelische Entwicklung eines Kindes, noch im Blick auf die Bedürfnisse und Fähigkeiten von Eltern ist die Entscheidung zu rechtfertigen.

Für die Annahme eines Kleinkindes oder noch älteren Kindes spricht, dass auch dieses Kind ein Recht auf Eltern hat. Und es war vielleicht seine letzte Chance, Eltern zu finden.

Dagegen spricht, dass in manchen Ländern Kinder, die längst zur Adoption hätten vermittelt werden können, erst einmal durch das Heimleben seelisch, geistig und gesundheitlich schwer geschädigt werden, bevor man ihnen Eltern zugesteht. Diese Praxis ist nichts als Gewalttätigkeit am Kind und darf durch keine Vorschubleistung einer deutschen Vermittlung oder Behörde gefördert werden. – Geschähe das, wäre es die schwerste Verletzung des Grundsatzes: Eltern f ü r Kinder!

Kinder, die ein Heim verlassen, s i n d geschädigt: Deprivation, irreparable unausgebildete fehlende Vernetzungen des Gehirns, Rachitis, schwere Kurzsichtigkeit, Hospitalismus, schwere Infektionen bis hin zu Hepatitis B und Aids, Aufmerksamkeits-Defizit-Störung und vieles mehr sind die Folgen des Heimlebens. Vor einer Bewerbung sollten einige Überlegungen stattfinden: *Wie belastbar sind wir? - In welchem Maße können wir mit Heimschäden und Behinderungen eines Kindes umgehen?*

Wie natürliche Eltern wachsen auch Adoptiveltern mit ihren Kindern. Bei der Adoption stellt sich oft das Gefühl ein, es fehle etwas in der Beziehung zum Kind, wenn ich es nicht von Anfang an hatte. *– Bin ich darauf eingestellt, damit zu leben?*

In diesem Zusammenhang hat es sein Recht, wenn schwierigere Kinder erfahrenen Eltern zugewiesen werden.

Frage: Wir suchen ein Geschwisterkind. Wie alt sollte es sein?

Antwort: Eine Familie mit einem Adoptivkind sollte sich entwickeln wie eine natürliche Familie. Das heißt, wenn Sie bereits Kinder haben, sollte das adoptierte Kind jünger sein. Ist der Altersabstand zu groß, wird es ähnlich einem Einzelkind aufwachsen. Ist der Altersunterschied zu gering, werden die Positionen in der Familie von allen Familienmitglieder neu gesucht werden. Es kann zu Konkurrenz und übermäßiger Eifersucht kommen. Darum sollte der Altersunterschied mindestens ein Jahr betragen.

Adoptieren Sie auf keinen Fall ein Kind, das in eine vorhandene Alterskonstellation hineingerät, also zum Beispiel zwischen dem Fünfjährigen und der Achtjährigen ein sechs- oder siebenjähriges Kind aufnehmen. Sie schaffen sich damit eine dauerhafte Störung des Familienlebens, die auch mit allseits gutem Willen schwer zu überbrücken ist, weil Sie in gewachsene Familienstrukturen eingegriffen haben.

Frage: Was kann ich zur Vorbereitung während des Adoptionsprozesses tun?

Antwort: Sie haben die Möglichkeit, sich mit anderen, die ähnliches erlebt haben, zu besprechen. Aus Erfahrung sage ich: aus solchen „Begleitungen“ sind schon gute Freundschaften erwachsen, und sie sind hilfreich für beide Seiten.

Möglicherweise kann Ihr Jugendamt Ihnen ein paar nennen, das bereit ist, Sie zu beraten und zu begleiten. Auch die beiden Bundesverbände mit ihren Landesgliederungen sind sicher in der Lage,

Ihnen jemanden in Ihrer Nähe zu nennen. In einer Reihe von Städten gibt es Gruppen vor Ort, in denen Adoptiveltern und Adoptionsbewerber sich zusammenfinden. Fragen Sie im Bundesverband PFAD nach.

Und natürlich gibt es viele sehr gute Bücher, die Ihnen helfen, sich auf das, was kommen kann, sorgfältig vorzubereiten. Für besonders empfehlenswert halte ich die Bücher von Christine Swientek, die das Thema zu ihrer Lebensaufgabe gemacht hat und es an der Universität Hannover erforscht. Alle ihre Bücher aber hat sie nicht für die Wissenschaft, sondern für die Adoptiveltern, die Herkunftseltern, die Adoptierten geschrieben, in gut verständlicher Sprache. Stellt man sich auf ein Heimkind ein, sollte das Buch von Caroline Eliacheff „Das Kind, das eine Katze sein wollte". Es gibt auch Bücher von Eltern, die beschreiben, wie sie den Adoptionsprozess und das Zusammenwachsen, die Entwicklung von Eltern und Kindern nach der Adoption, beschrieben haben. Eine umfassende Liste, wo auch direkt bestellt werden kann, finden Sie unter: http://adoptionen.here.de.

Auf das mögliche Gespräch im Internet, z.B. das Adoptionsforum, sollten Sie nicht verzichten, wenn Sie die Möglichkeit haben.

Frage: Ist es gleich, aus welchem Land mein Kind kommt?

Antwort: Nein, leider nicht! Wir würden nicht ehrlich sein, wenn wir nicht auch sagen würden: ein blondes Kind aus der Ukraine hat es im Prinzip leichter, als ein dunkelhäutiges Kind aus Äthiopien. Selbst unter den fremden Nationalitäten werden manche eher akzeptiert. Dies wird niemand offen zum Ausdruck bringen, bis auf ein paar Vorgestrige. Man wird äußerlich freundlich sein und bleiben. Und doch könnten Sie bisweilen unterschwellig spüren, dass Ihr Kind leidet, weil es eine andere Hautfarbe und einen anderen Namen hat. Auch hier müssen Sie sich fragen: *Was kann ich mir zumuten?*

„Du bist ein Rumäne. Rumänen klauen – mit denen spiele ich nicht!" Das ist so eines der nackten Ressentiments. Kinder sprechen sie aus, aber sie haben sie von der älteren Generation, die es nicht offen sagen wird. Einige der Bücher im Angebot beschreiben dieses Leiden sehr intensiv. Wie Ihr Umfeld auf das Kind und seine Familie reagieren wird, werden Sie im voraus nicht wissen. Wenn das niedliche dunkelhäutige kleine Kind in die Pubertät kommt, werden sich die Probleme möglicherweise verschärfen. Das soll Sie nicht daran hindern, diese Adoption mit viel Liebe und großer Hoffnung durchzuführen. Nur sollten Sie wissen, dass es Probleme geben könnte, aber auch, dass man sich darauf vorbereiten kann.

Jedes Kind wird in Lebensphasen geraten, in denen es nach seiner Identität und Herkunft fragen wird. Sie sollten ihm ein positives Bild von den Herkunftseltern vermitteln. Sie haben es abgegeben – zu seinem Besseren, damit es Eltern findet, die besser für es sorgen können. Mit dem Heranwachsen werden die Fragen nach der Identität aber drängender. Es will vielleicht seine Wurzeln selber finden und begreifen. Hierfür wird es Einrichtungen geben, die es begleiten, und Sie, die Eltern, sollten schon jetzt vorausdenken. Wenn Sie Informationen zu den Herkunftseltern erhalten, sollten Sie diese sorgfältig aufbewahren und ggf. auffrischen.

Schließlich: Erhalten Sie Ihrem Kind die Liebe zu seiner Kultur, seinem Volk, seinem Herkunftsland. In vielen Fällen ist es möglich, in dem Land, aus dem Sie ein Kind adoptieren, sich in einer Gruppe, einer Hilfsorganisation, zu engagieren, damit es auch seinen Brüdern und Schwestern besser geht, die keine Adoptiveltern finden werden. Damit steigern Sie das Selbstwertgefühl und die Achtung Ihres Kindes vor sich selbst und vor seiner Herkunft.

Frage: Sollen wir offen oder anonym adoptieren?

Antwort: Die „Adoptionslandschaft" ist im Wandel begriffen. Früher waren Adoptionen eine Tabuangelegenheit. Kinderlosigkeit galt als Makel. Manchmal erfuhr kaum der engste Freundeskreis, dass ein Kind „adoptiert" ist. Und wenn dem Pastor die Geburtsurkunde für die Konfirmation vorgelegt wurde, wurde er inständig gebeten, bloß nichts darüber verlauten zu lassen, dass das Kind adoptiert sei.

Eine offene Adoption birgt ihre Risiken. Sie sind bisweilen gezwungen, ungebetenen Besuch der leiblichen Angehörigen zu dulden, ihren Bittstellereien ausgesetzt zu sein, sich in die Erziehung hineinreden zu lassen. Eine z u o f f e n e Adoption kann zur Dauerbelastung für Eltern und Kind werden: es weiß nicht, wo es hingehört. Dieser Effekt muss auf jeden Fall vermieden werden. Also, eine deutliche Warnung: Was an Offenheit erst einmal erzeugt wurde, lässt sich nie wieder zurückschrauben!

Darum sollte die Frage einer offenen oder halboffenen oder anonymen Adoption von Fall für Fall entschieden werden, und Schritt für Schritt. Sie sollten sich dabei eher an den Bedürfnissen Ihres Kindes orientieren als an Ihrem eigenen guten Willen. Bei Auslandsadoptionen ist die anonyme Adoption noch die Regel. Aber es ist wichtig, sich eine Option für späteres Kennenlernen nach Möglichkeit offen zu halten.

Bei einer offenen Adoption im Ausland sollten Sie von Anfang an auf die Grenzen achten, welche die abgebende Familie einzuhalten hat. Nichts ist schädlicher als ein vor Kenntnis der Einzelheiten ausgefochtenes dogmatisches Glaubensbekenntnis für oder gegen die offene Adoption. Es sind viele Facetten und Zwischentöne denkbar.

Ein offenes sachliches Gespräch mit den Mitarbeitern des Jugendamtes zu diesen Fragen kann Ihnen viele Fingerzeige geben. Die Reihe dieser Tipps ließe sich unendlich fortsetzen, denn ähnlich viele Fragen treten auch während oder nach einer Adoption auf. Wie ist es mit der Rechtsstellung meines Kindes? Wie wird es zweifelsfrei ein deutsches Kind? Ist eine Nachadoption erforderlich? Welche psychologische und sozialpädiatrische Begleitung brauchen Kind, Geschwister und Eltern im Prozess des Zusammenwachsens? Wie kommen wir über Krisen hinweg?

Auf diese Fragen antworten wir hier bewusst nicht. In einem Adoptionsprozess sollte man sich zwar gut vorbereiten, aber bereit sein, Schritt für Schritt zu gehen. Nur mit großer Beharrlichkeit kommen Sie an Ihr Ziel. Und so wird das nach einer vollzogenen Adoption auch bleiben.

Adoptionsbücher im Kirchturm Verlag

Wolfgang Gerts

Unsere kleine Rumänenbande – *Kinder aus dem Heim!*
Wie Adoptionen Kinder und Eltern verändern
192 Seiten, empfohlener Verkaufspreis 22,-- DM
1999 ISBN 3-934117-00-7

Sabine Wielicki (Text und Aquarelle)

Der kleine Aus-dem-Nest-Faller
Von einem Baum, in dem Adoptionen ganz natürlich sind
Ab 6 Jahren, 24 Seiten, empfohlener Verkaufspreis 26,-- DM
2000 ISBN 3-934117-01-5

Anja Weiss (Text und Illustrationen)

Bruder Jakob, Schwester Jana
Wie aus zwei Lebensgeschichten eine einzige wird
Ab 4 Jahren, 24 Seiten, empfohlener Verkaufspreis 26,-- DM
2000 ISBN 3-934117-02-3

Wolfgang Gerts (Herausgeber)

Auslandsadoption – das Findbuch!
Alle Anschriften und Literatur für Adoptierende und Adoptierte
160 Seiten, empfohlener Verkaufspreis 21,-- DM
2000 ISBN 3-934117-03-1

Andrea Dück-Mertins

Sirintra – wunderschöner Mond
Der etwas andere Weg zur Großfamilie
96 Seiten, empfohlener Verkaufspreis 14,90 DM
2000 ISBN 3-934117-04-X

An den Kirchturm-Verlag
Martina Gerts e.K.
Brückenstraße 13

31535 Neustadt

Hiermit bestelle ich gegen Rechnung

____ **Gerts, Rumänenbande**

____ **Wielicki, Nestfaller**

____ **Weiss, Bruder Jakob**

____ **Gerts, Findbuch**

____ **Dück-Mertins, Sirintra**

Ich möchte informiert werden über

O **Neuerscheinungen im Kirchturm-Verlag**

O **Eine neue Adoptionszeitschrift**

Name...

Anschrift..

Datum........................Unterschrift............................

Tel. 05072/7073; eMail: m.Gerts@t-online.de; http://adoptionen.here.de